Alfredo Papa

Imparare a disegnare per bambini

Un meraviglioso corso di disegno per i bambini + 5 anni

Disegna & Dipingi

© Copyright 2022 - All rights reserved.

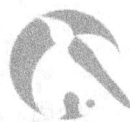

**PROPRIETA' LETTERARIA RISERVATA
PER TUTTIIPAESI**

Copyright © 2022 - Disegna & Dipingi di Alfredo Papa
www.disegnaedipingi.it disegnaedipingi@gmail.com

È vietato duplicare il libro, in fotocopie, in altre lingue, di qualsiasi memorizzazione (elettronica, meccanica o simili) di riproduzione e di adattamento anche parziale, con qualsiasi mezzo, senza permesso scritto dell'autore. Qualsiasi distribuzione o fruizione non autorizzata costituisce una violazione dei diritti d'autore e sarà sanzionata civilmente e penalmente secondo quanto previsto dalla legge 633/1941. Questo lavoro non potrà essere in alcun modo oggetto di scambio, commercio prestito o rivendita senza preventivo consenso scritto da parte dell'autore.

I Edizione: 2022

Editore: © Disegna & Dipingi

Disegna&Dipingi

Imparare a disegnare per bambini

Indice

Suggerimenti per i genitori 7

Introduzione per il bambino 10

L'autore 11

I principi base del disegno 11

Lo scarabocchio 12

Unisci i puntini 14

Disegna gli oggetti 17

Disegna gli animali 53

Disegni fantasy 87

Disegna i bambini 101

Esercizi 132

Il chiaroscuro 133

Esercizio di precisione delle linee 134

Il tratteggio 136

Dal bianco al nero 138

Medaglia e attestato dell'artista 141

Suggerimenti per i genitori

Il disegno può essere un'attività molto utile per la crescita di un bambino, sia a livello fisico che emotivo. Ecco alcuni modi in cui il disegno può aiutare un bambino a crescere e svilupparsi:

1. **Sviluppo motorio:** il disegno implica l'utilizzo di strumenti come penne, matite e pennelli, che richiedono una certa abilità manuale. Disegnare può quindi aiutare un bambino a sviluppare le proprie abilità motorie e a migliorare la coordinazione mano-occhio.
2. **Creatività:** il disegno è un'attività che incoraggia la creatività e l'immaginazione dei bambini. Disegnare permette ai bambini di esprimere le loro idee e di creare qualcosa di unico con la loro mente.
3. **Autostima:** quando i bambini vedono i loro disegni che diventano sempre più belli e complessi, possono sviluppare un senso di orgoglio e di autostima. Disegnare può quindi aiutare un bambino a sentirsi sicuro di sé e a credere in sé stesso.
4. **Concentrazione e attenzione:** il disegno richiede concentrazione e attenzione ai dettagli, che possono aiutare un bambino a sviluppare queste abilità. Disegnare può quindi aiutare un bambino a diventare più attento e concentrato, sia nell'arte che in altre attività.
5. **Rilassamento:** il disegno può essere un'attività rilassante e terapeutica per i bambini. Disegnare può aiutare un bambino a ridurre lo stress e l'ansia e a sentirsi più calmo e rilassato.

In sintesi, il disegno può essere un'attività molto utile per la crescita e lo sviluppo di un bambino, che può aiutarlo a sviluppare le proprie abilità motorie, la creatività, l'autostima, la concentrazione e l'attenzione e a ridurre lo stress e l'ansia.

Con questo libro, il bambino potrà sviluppare maggiori capacità e controllo della **percezione visiva** e delle abilità **manipolatorie della matita**.

La percezione visiva è la capacità di comprendere e interpretare ciò che vediamo attraverso gli occhi. Nell'arte del disegno, la percezione visiva è molto importante, poiché ci permette di cogliere i dettagli e le caratteristiche di ciò che stiamo disegnando e di riprodurli fedelmente sulla carta. Ogni disegno in questo libro è stato creato a mano libera in modo da coinvolgere maggiormente la sfera creativa del bambino, ogni immagine è accompagnata dalle frecce e dai numeri in sequenza per permettere al bambino di seguire i vari passaggi con facilità e fluidità dello sguardo.
Per sviluppare la percezione visiva nel disegno, è importante praticare il disegno da oggetti reali e fare esercizi di osservazione accurata.

Ad esempio, si può disegnare da una foto o da un oggetto reale, concentrandosi sui dettagli e cercando di riprodurli il più fedelmente possibile. Inoltre, si possono fare esercizi come il disegno dal vero, dove si disegna un oggetto o una persona dal vivo, cercando di cogliere le caratteristiche specifiche di quell'oggetto o di quella persona.
Con la pratica e l'esercizio, la percezione visiva può essere sviluppata e migliorata, aiutando e stimolando la creatività del bambino con divertimento e passione.

Per sviluppare l'abilità manipolatoria della matita per un bambino, è importante fornire attività che incoraggino la sua creatività e la sua capacità di controllare i movimenti fini della mano facendoli svolgere esercizi sul tratteggio e il chiaroscuro.

Ecco alcune idee:

1. **Disegnare con matite colorate:** fornire una varietà di matite colorate e invitare il bambino a esplorare le diverse sfumature e tonalità.
2. **Disegnare con pastelli a cera:** pastelli a cera sono più facili da tenere e manipolare rispetto alle matite, quindi possono essere un'ottima scelta per i bambini più piccoli.
3. **Disegnare con pennarelli:** pennarelli hanno una punta più larga rispetto alle matite, quindi possono essere una buona scelta per i bambini che hanno difficoltà a mantenere una presa ferma.
4. **Disegnare con la sabbia:** utilizzare la sabbia per creare disegni e texture interessanti.
5. **Giochi di costruzione con le matite:** utilizzare le matite come costruzioni, insegnando al bambino a tenere le matite in modo sicuro e a controllare i movimenti della mano per creare forme e figure.
6. **Disegnare con la matita:** insegnare al bambino come tenere la matita in modo corretto e come creare linee e forme utilizzando la pressione delle dita.
7. **Colorare con le dita:** far giocare il bambino con i colori a tempera adatti, facendoli dipingere direttamente con le dita.

In generale, è importante fornire al bambino un ambiente di apprendimento creativo e incoraggiare la sua curiosità e la sua voglia di sperimentare.

L'abilità manipolatoria della matita è una competenza importante per i bambini, poiché gli permette di esprimere la loro creatività e di sviluppare la loro coordinazione occhio-mano. La capacità di controllare i movimenti precisi della mano è fondamentale per molte attività quotidiane, come scrivere, disegnare e utilizzare strumenti manuali.
Il modo in cui i bambini imparano a controllare i movimenti precisi della mano varia in base alla loro età e al loro livello di maturità motoria. I bambini più piccoli iniziano a sviluppare queste abilità attraverso il gioco e l'esplorazione, mentre i bambini più grandi possono migliorare le loro abilità manipolatorie attraverso attività più mirate e specifiche come il disegnare a fantasia o copiando altre immagini.

Questo manuale per il disegno dei bambini si distingue dagli altri libri del genere poiché evita la confusione visiva causata da troppe e piccole immagini illustrate su ogni pagina, spesso senza alcuna indicazione scritta. In base alla mia esperienza, ho voluto creare un libro che sia il più stimolante, divertente e coinvolgente possibile per i bambini, fornendo guide passo-passo dettagliate e chiare per realizzare i disegni, accompagnate spesso da indicazioni scritte per comprendere come creare un disegno da "zero".

In questo modo, il bambino sarà continuamente stimolato a seguire istruzioni semplici e facili da comprendere. Grazie ai passaggi graduali, il piccolo artista sarà in grado di acquisire le tecniche con maggiore facilità e entusiasmo. Questo porterà ad una vera e propria crescita dell'autostima artistica del bambino, che si sentirà sempre più soddisfatto e orgoglioso delle proprie creazioni, fino a sentirsi un vero e proprio artista in erba.

Inoltre alla fine del libro, il bambino riceverà una medaglia e un attestato di artista simbolico. Questo riconoscimento rappresenterà una motivazione in più per il bambino di eseguire tutti gli esercizi proposti nel libro, stimolando la sua creatività e la sua passione per il disegno. Inoltre, il ricevere un premio per il proprio lavoro può aumentare la fiducia e l'autostima del bambino nelle proprie capacità artistiche e creative.

Introduzione per il bambino

Sei pronto per diventare un vero artista?

Benvenuto_____ nel mio libro sul disegno

Scrivi il tuo nome qui sopra così diventerai subito un mio allievo artista.

Mi chiamo **Alfredo Papa**, sono un pittore professionista, sono qui per insegnarti a disegnare al tuo fianco, per farti diventare un bravissimo artista.

Il disegno è un'attività meravigliosa per esprimere le proprie idee e creare qualcosa di bello con la propria immaginazione. In questo manuale ti guiderò passo dopo passo nell'apprendimento del disegno, fornendoti consigli e trucchi per migliorare le tue abilità. Non importa se pensi di non essere bravo o di non avere talento per il disegno: con un po' di pratica e determinazione, diventerai sempre più bravo. Ricorda che il disegno è un'attività che richiede pazienza e che i tuoi disegni non devono essere perfetti al primo tentativo, **l'importante è divertirsi giocando con le linee e i colori.**

In queto manuale "**Imparare a disegnare per bambini**" troverai tanti disegni da realizzare, con molte descrizioni precise su come muoverti al meglio. Nel manuale potrai imparare a disegnare gli oggetti, gli animali, le figure umane, disegni di fantasia e tanto altro, inoltre ti indicherò diversi esercizi per diventare bravo ad osservare come un'aquila e muovere la matita come un mago.

Sono felice che in qualche modo hai ricevuto questo libro, sappi, che ti accompagnerò nel divertente viaggio artistico giorno dopo giorno e sarò sempre al tuo fianco.

In questo manuale ti mostrerò come fare dei bellissimi disegni usando la tua immaginazione e la tua creatività. Tutti i disegni che vedrai sono fatti da me stesso a mano libera, in questa maniera sarai maggiormente coinvolto. Non importa se non sai disegnare ancora molto bene: con un po' di fantasia riuscirai già da subito a ottenere tanti disegni che potrai mostrare alla tua famiglia e ai tuoi amici.

Alla fine del libro riceverai la medaglia e l'attestato del vero artista.

L'autore

Mi chiamo Alfredo Papa, sono un esperto di disegno e di pittura, dopo il grande successo dei miei tre libri sul disegno **"Imparare a disegnare"**, **"L'arte de disegno"** e **"Il taccuino del disegnatore"** che puoi trovare su Amazon, a grande richiesta, ho deciso di realizzare un libro sul disegno anche per i più piccoli.

Sono più di 12 anni che insegno l'arte del disegno e della pittura nella mia scuola d'arte **"Papa Arts"** a Taranto, ho insegnato a centinaia e centinaia di persone, ad adulti e bambini con grande passione e divertimento. Ancora oggi la mia scuola d'arte è frequentata da tantissime persone che vogliono imparare a disegnare e dipingere con professionalità e divertimento. Ho creato anche un sito web dedicato interamente all'arte, dove all'interno del portale puoi trovare tantissimi contenuti video e articoli interessanti, se ti va, puoi visitare il sito web su: www.disegnaedipingi.it

I principi base del disegno

1. Prima di iniziare a disegnare, è importante avere un'idea di cosa vuoi disegnare. Se non sai esattamente come deve essere il tuo disegno, potrebbe diventare difficile realizzarlo. Quindi, pensa a cosa vorresti disegnare e fai uno schizzo su un foglio di carta.
2. Una volta che sai cosa vuoi disegnare, potrai iniziare a schematizzare il tuo disegno. **Schematizzare** significa **tracciare i contorni** del tuo disegno con linee leggere e forme geometriche semplici, in modo da avere una guida quando inizierai a colorarlo.
3. Quando schematizzi, devi prestare attenzione a come sono disposti gli elementi del nostro disegno. Ad esempio, se stai disegnando una persona, devi fare in modo che le parti del corpo siano proporzionate tra loro, che la posizione sia realistica e le dimensioni precise.
4. Una volta che hai schematizzato il tuo disegno, puoi iniziare a colorarlo con i pastelli o con i pennarelli. Ricorda di usare colori che siano adatti al tuo disegno e di non essere troppo aggressivo quando colori, in modo da non strappare il foglio di carta e di non creare disarmonia.

Lo scarabocchio

Sapevi che disegnare scarabocchi può essere molto divertente e importante per te?

Quando disegni uno scarabocchio, puoi lasciare che le tue emozioni, le tue idee e i tuoi pensieri escono fuori in modo spontaneo e senza preoccuparti di essere giudicato o di dover essere perfetto. Disegnare scarabocchi è un modo per scoprire quanto è divertente esprimere te stesso e per entrare in contatto con le cose che senti dentro di te ma che non sai come esprimere.

Gli scarabocchi sono i primi disegni che i bambini fanno e sono come un modo per esplorare il mondo e comunicare con gli adulti. A volte qualcuno può pensare che gli scarabocchi non hanno senso, ma in realtà hanno un significato molto importante e profondo per te, e io lo so benissimo.

Quando disegni uno scarabocchio, stai facendo un passo importante verso l'espressione creativa e la comunicazione visiva.

Per questo motivo, è importante che tu abbia sempre a disposizione tanti materiali artistici come matite, pennarelli e pastelli per poter disegnare e colorare quando vuoi e che i tuoi genitori e insegnanti mostrino interesse per i disegni che fai.

Disegnare scarabocchi ti aiuterà anche a sviluppare la coordinazione occhio-mano e la capacità di controllare i movimenti delle mani, come anche aiutarti a concentrarti e controllare le tue emozioni.

Il primo passo da fare è creare uno scarabocchio con 5 colori a matita differenti, puoi scegliere tu le tonalità e la velocità da usare. Devi semplicemente creare uno scarabocchio nella pagina seguente e liberare la tua fantasia.
Forza, prova subito, scegli 5 colori a matita, parti dal primo colore e scarabocchia come preferisci, continua fino alla quinta matita colorata, alla fine, dai un titolo al tuo disegno e scrivilo sul foglio.

Sei pronto? Inizia il tuo viaggio artistico. Buon divertimento!

Disegna qui lo scarabocchio

Unisci i puntini

Adesso ti propongo questo simpatico e stimolante esercizio. Parti da un qualsiasi puntino e traccia una linea che unisce tutti gli altri puntini, in questa maniera ti allenerai al colpo d'occhio.

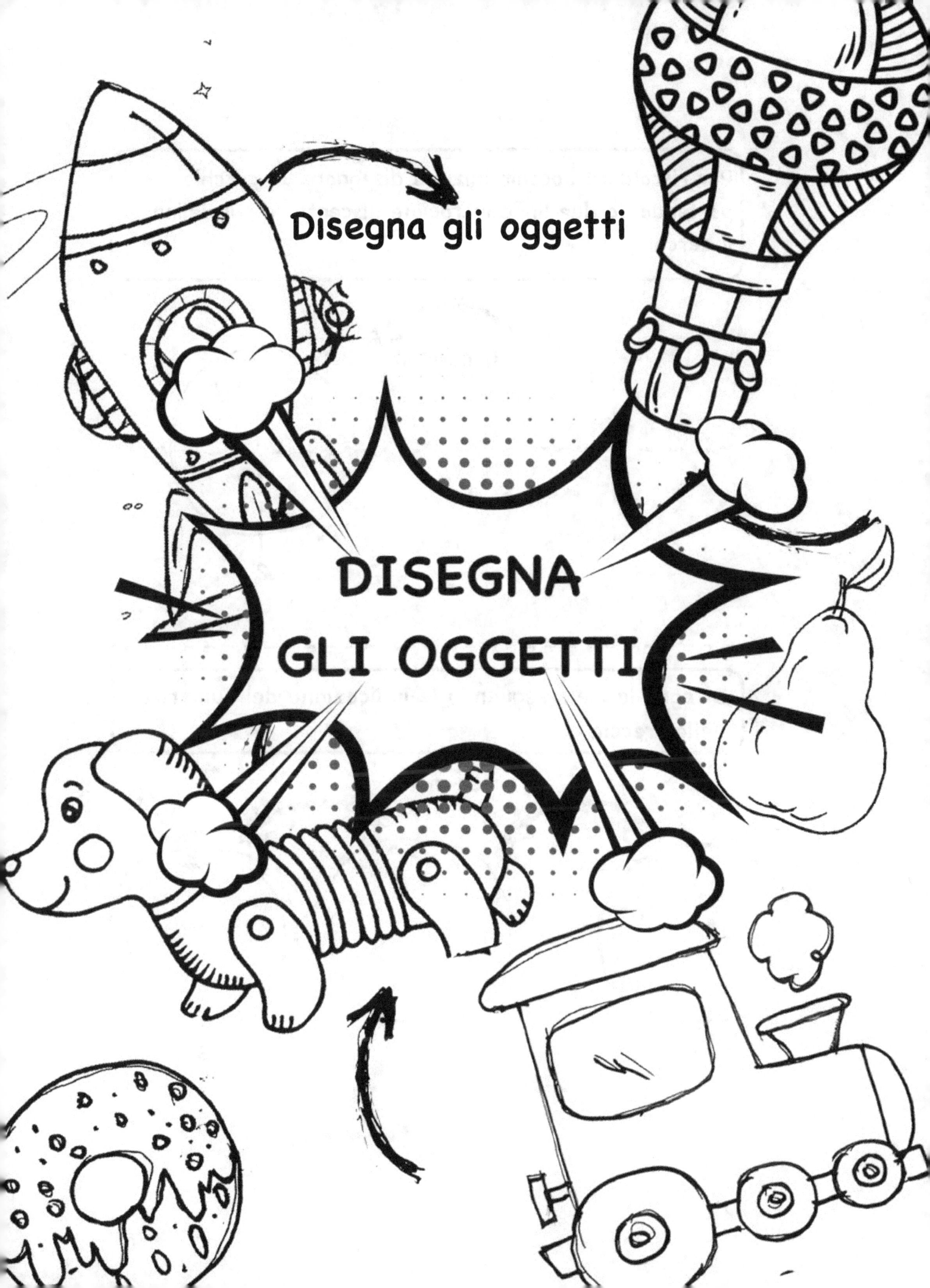

Per riscaldare l'occhio inizia a disegnare un cerchio partendo da due linee incrociate al centro e poi delinea il cerchio

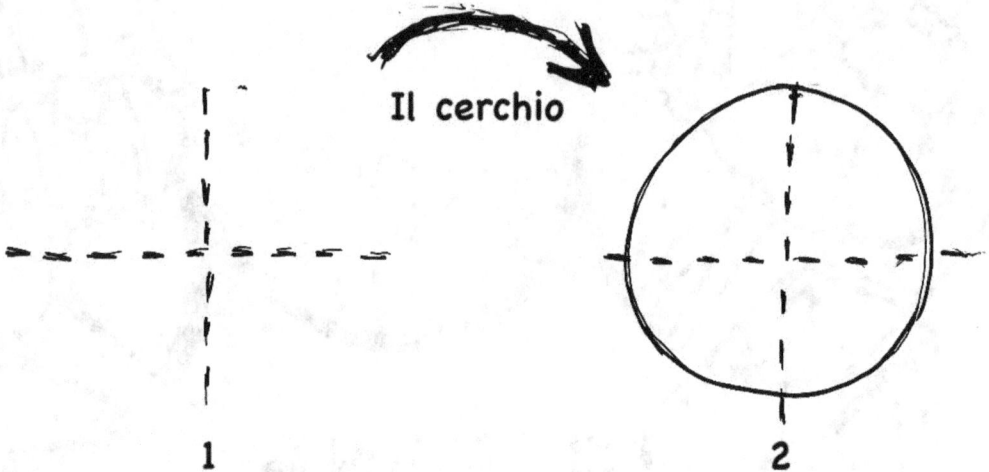

Disegna la mela seguendo le indicazione dei numeri e della freccia

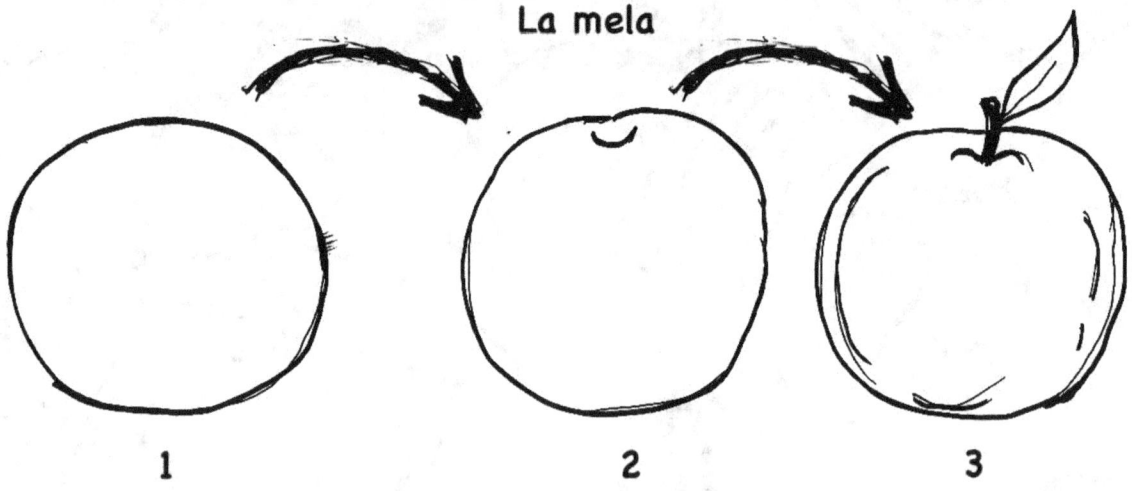

Disegna la foglia iniziando a creare la forma geometrica del pentagono, per creare una stella a cinque linee e poi crea le singole foglie.

La foglia

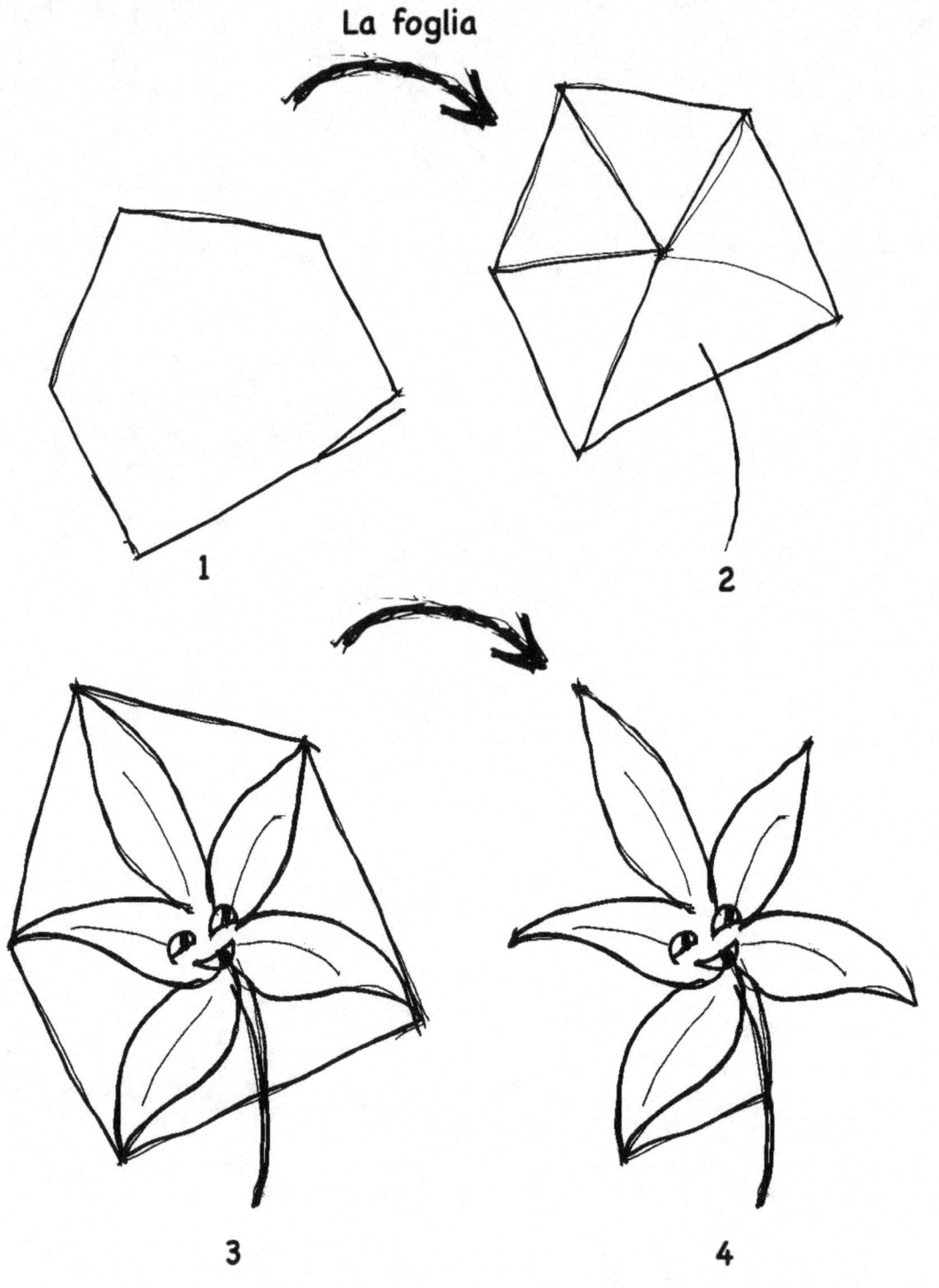

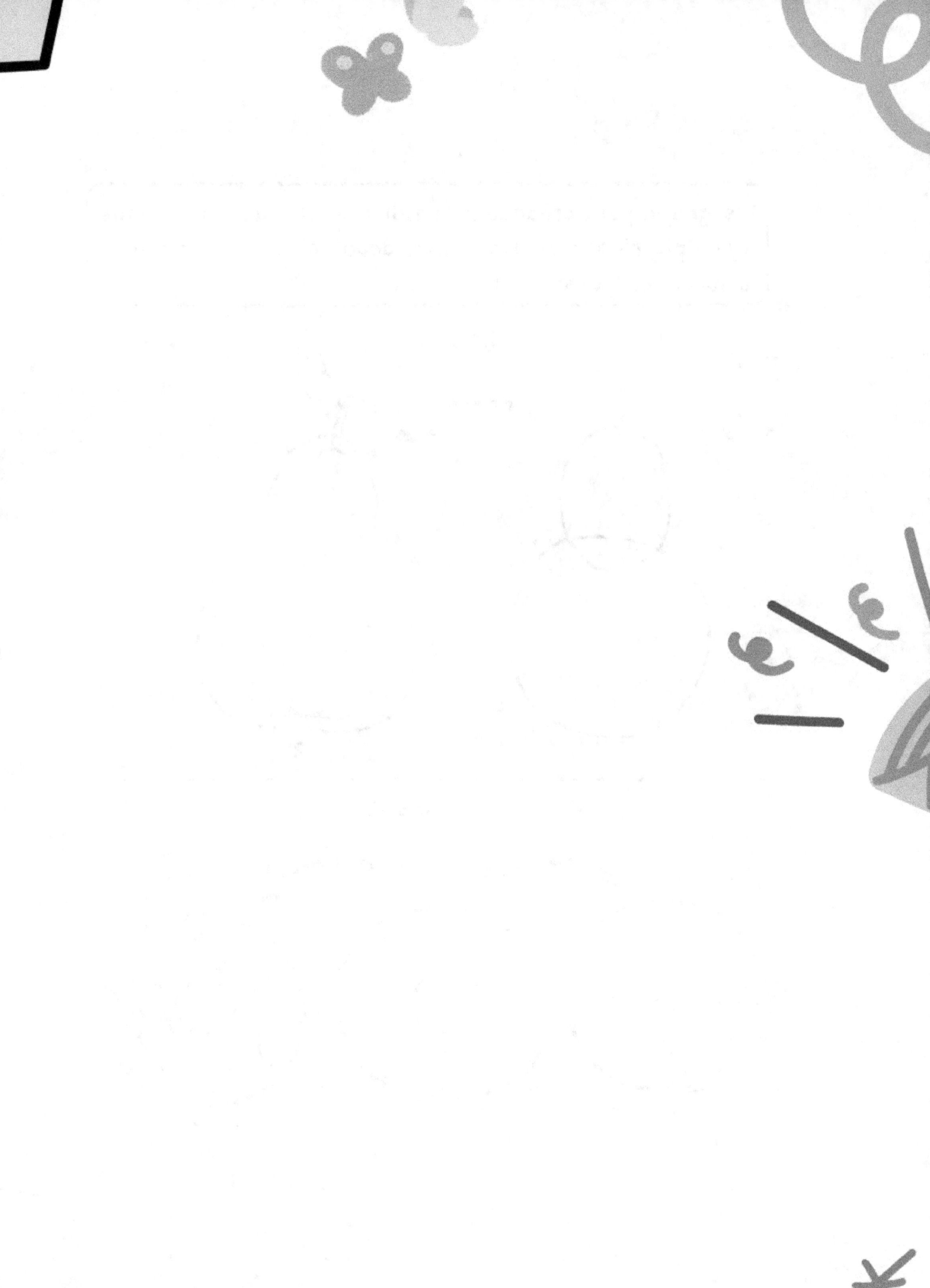

Disegna la pera creando prima due cerchi, uno più grande e uno più piccolo dentro l'altro, dopo unisci la linea e dai la forma al frutto con precisione.

La pera

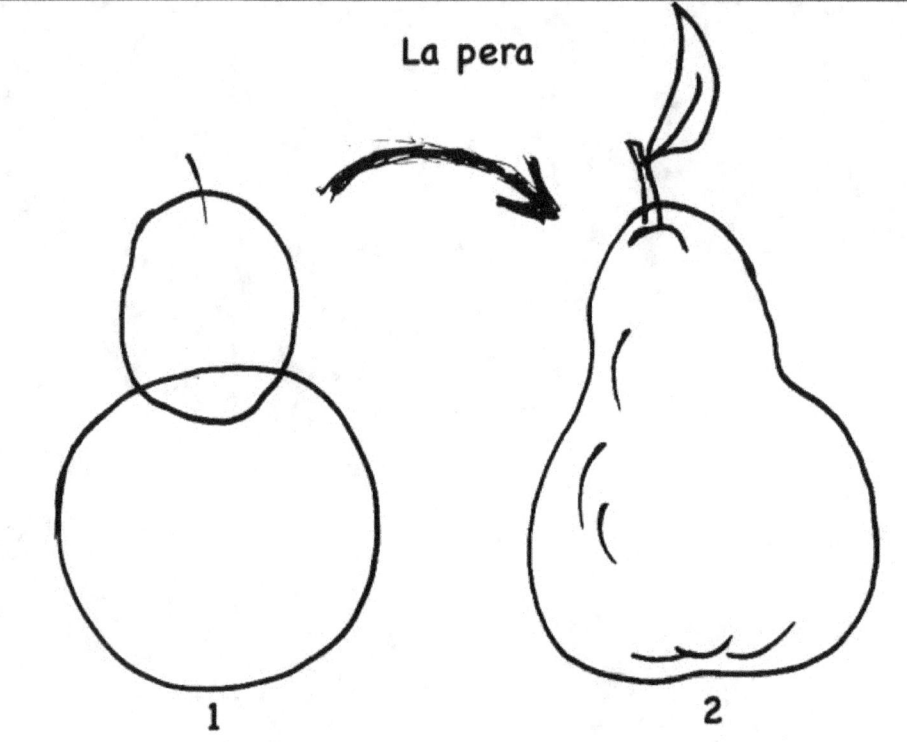

La ciambella

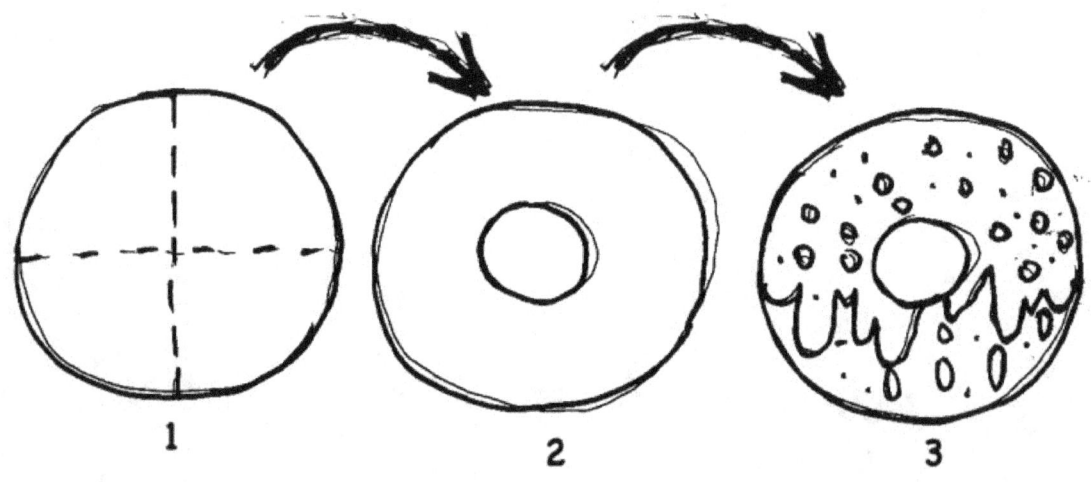

Disegna prima il ghiacciolo e dopo il gelato con il cono. Segui i tre passaggi con la numerazione, e ricordati di creare prima la semplice forma geometrica e dopo passare alla forma completa, continua così stai andando bene.

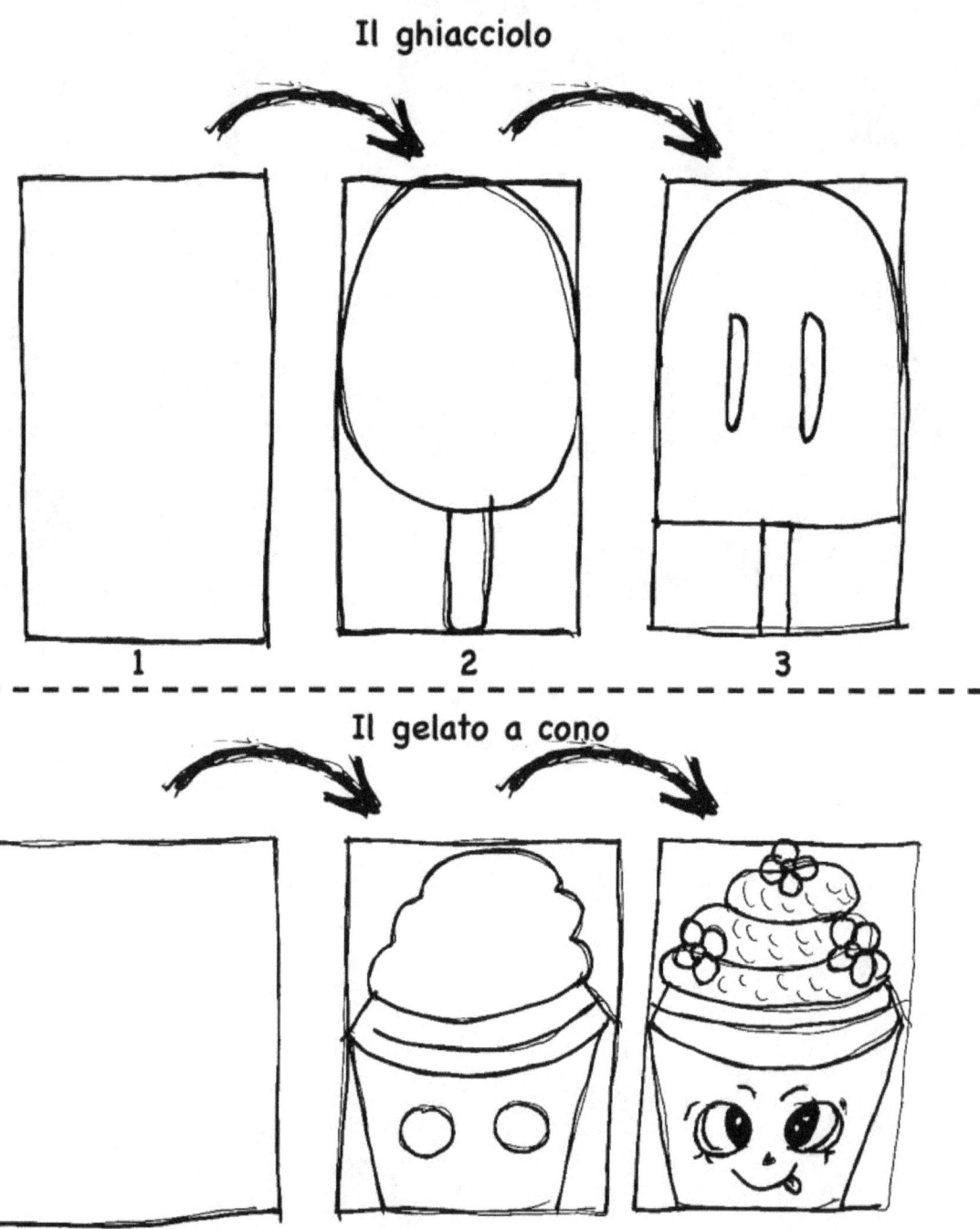

Il ghiacciolo

Il gelato a cono

Disegna il cagnolino a giocattolo, cercando di comporre la sua struttura in cerchi e ovali collegati fra loro.
Dopo passa alla chitarra

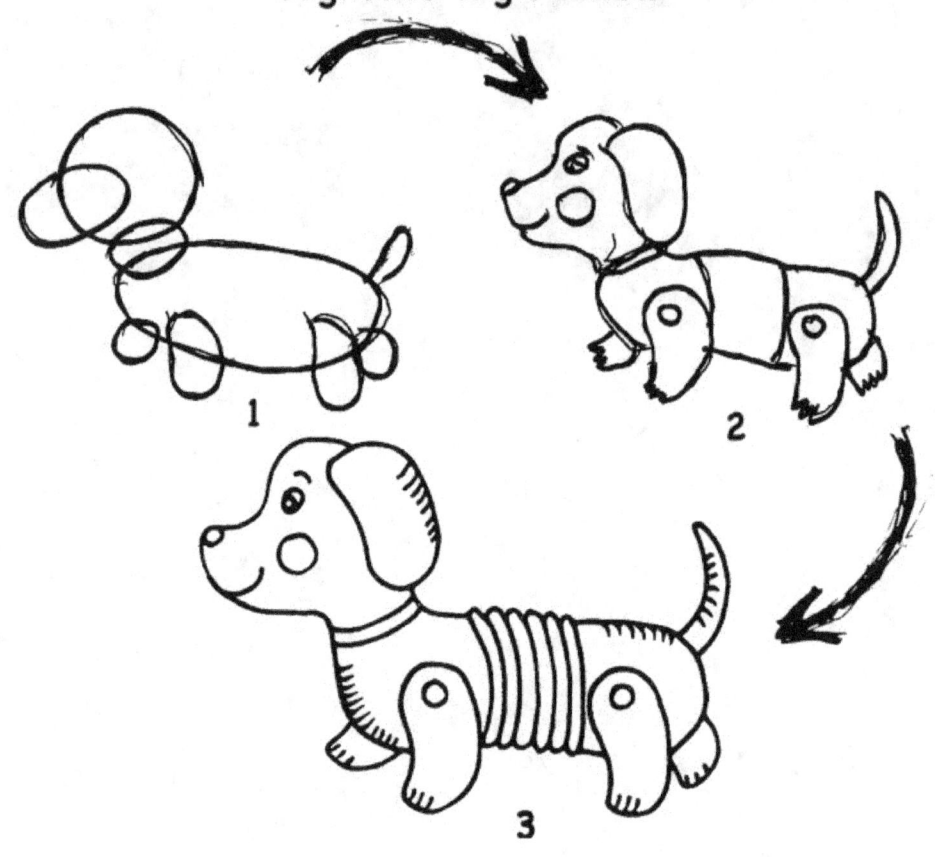

Cagnolino a giocattolo

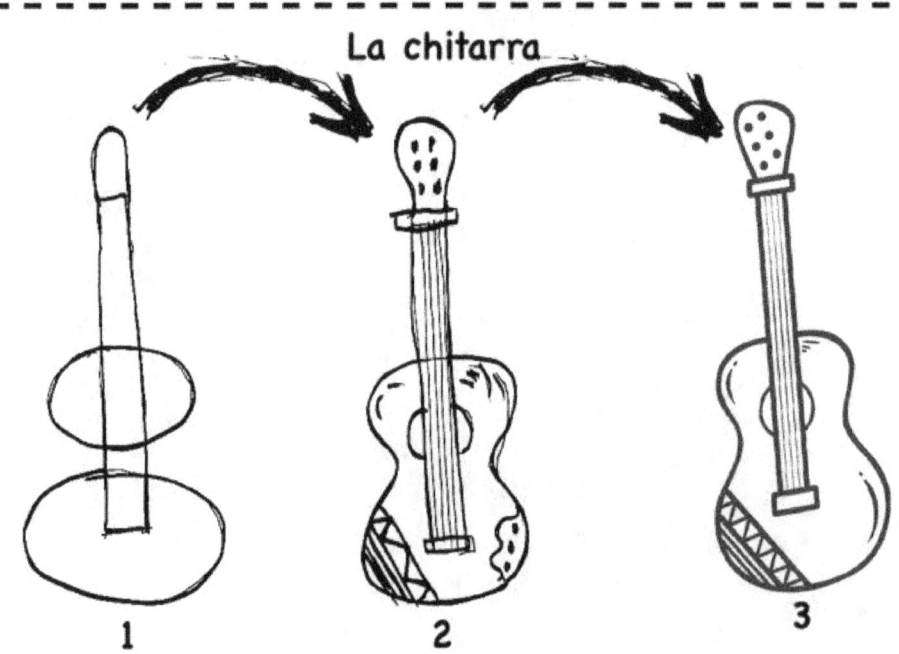

La chitarra

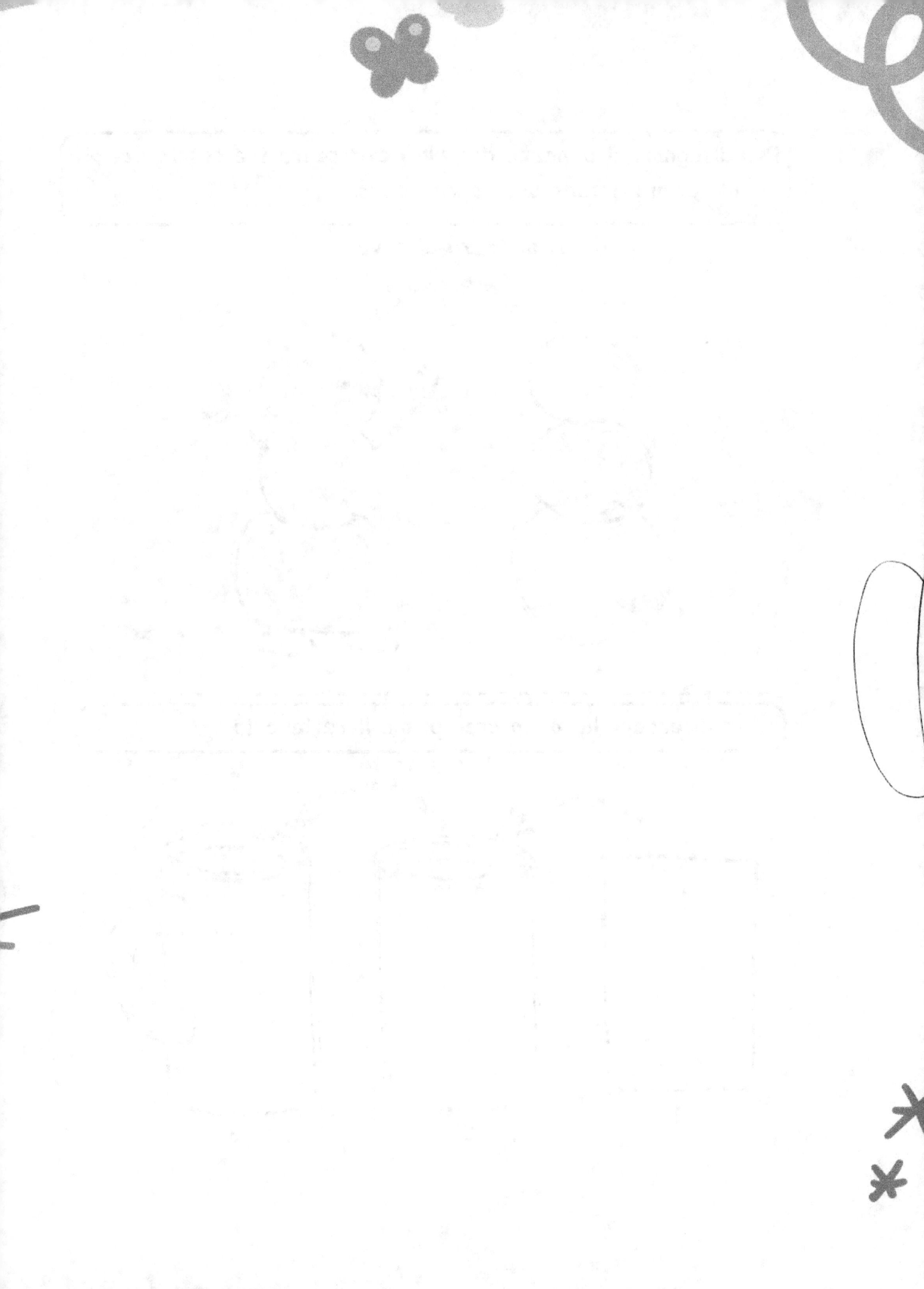

Per disegnare il pupazzo di neve devi creare tre cerchi dal più piccolo al più grande uno sopra l'altro.

Il pupazzo di neve

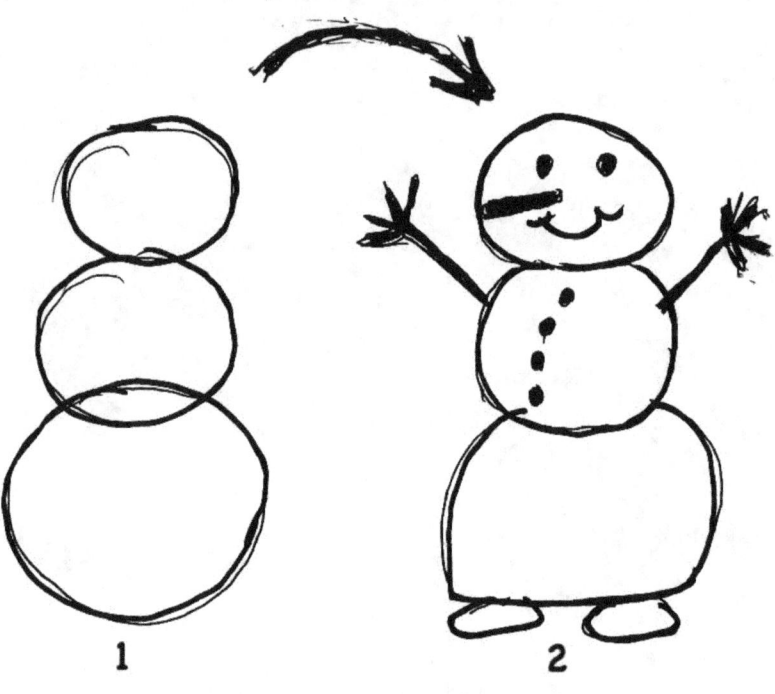

Per disegnare la tazza crea prima il rettangolo

Tazza da tè

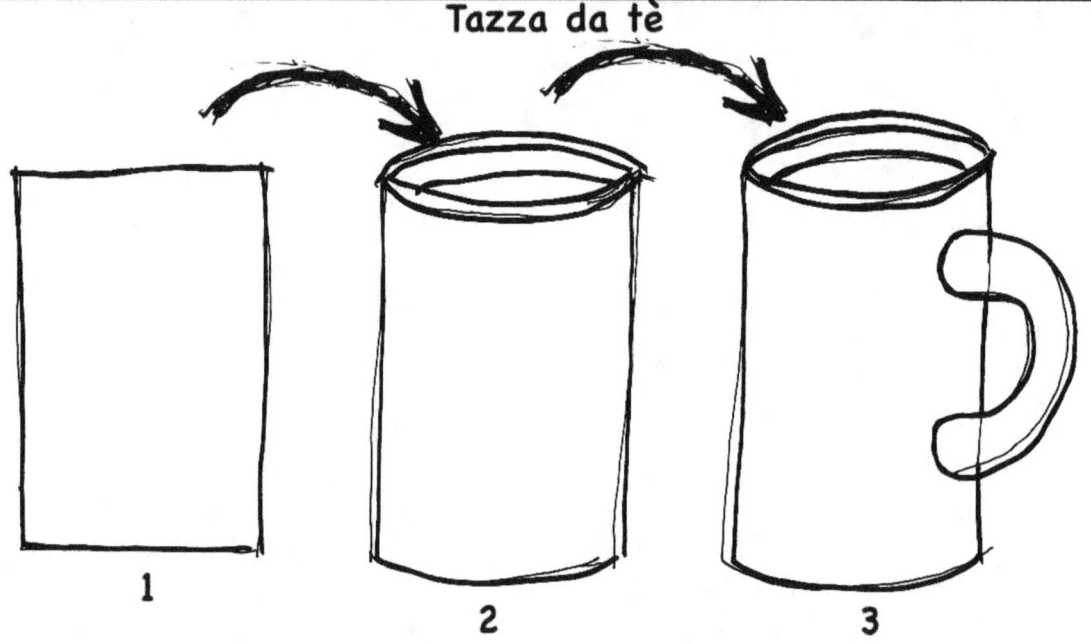

Adesso disegna degli oggetti più difficili, stai avanzando come un vero artista. disegna il bus della scuola partendo da un quadrato e prosegui aggiungendo sempre più dettagli, immaginando il pulmino come se fosse un volto sorridente.

Il pulmino della scuola

Crea prima la forma generale e dopo disegna i vari cerchi.

Chicchi di uva

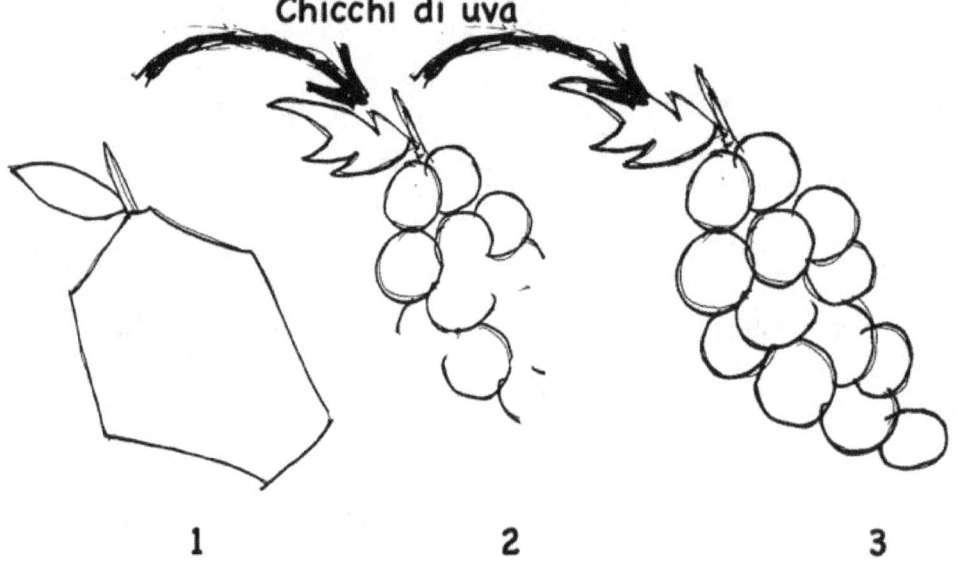

Disegna con coraggio il trenino, partendo dalla base del numero 1 creando un quadrato e tre cerchi, dopo sviluppa i dettagli seguendo i passaggi del numero 2 e numero 3.

Il trenino

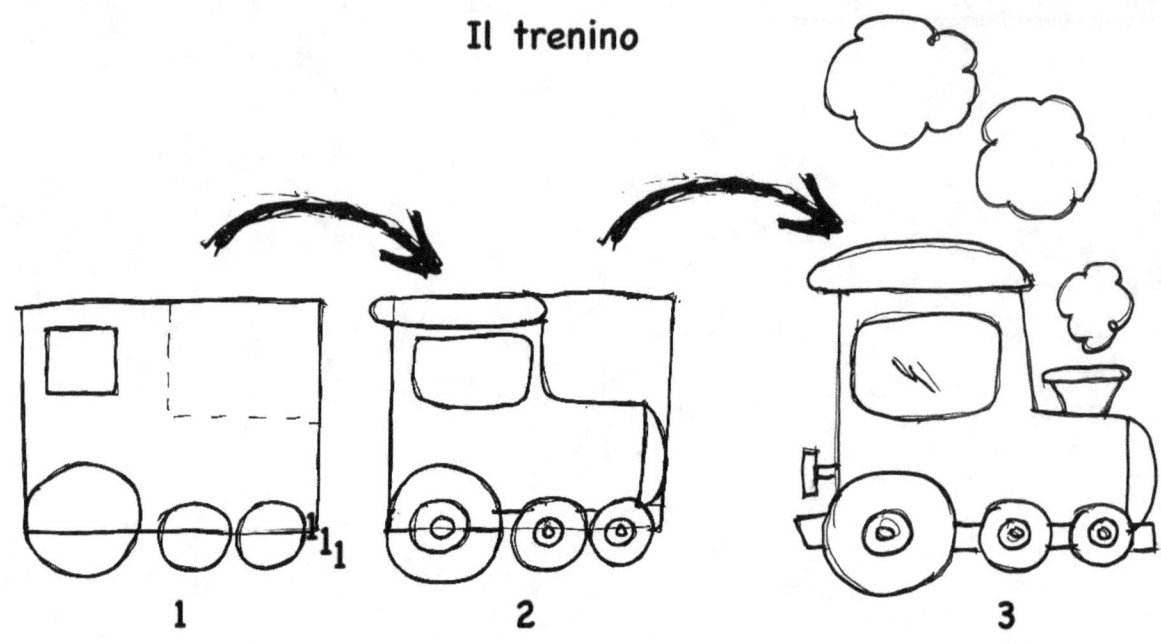

Disegna la tazzina da caffè, costruendo la tazza con un quadrato, vai avanti e aggiungi il manico, il riflesso e il calore con tre linee curve.

La tazzina da caffè

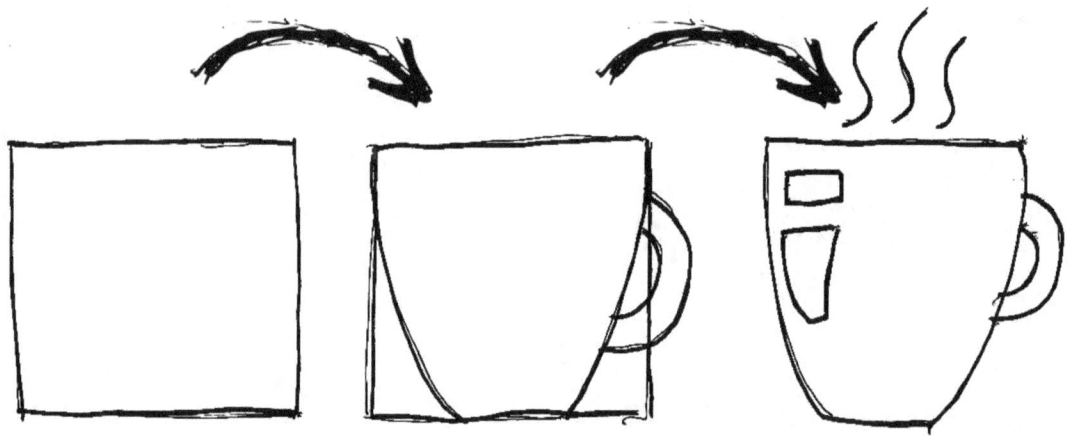

Hai mai usato una fotocamera come questa? Prova a disegnarla con precisione cercando di creare un oggetto utilissimo per rccogliere i tuoi ricordi.

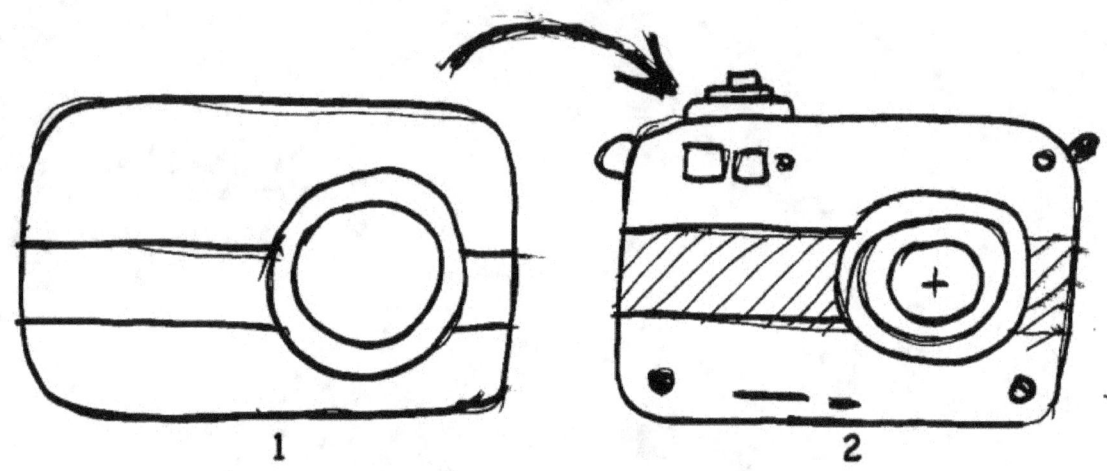

La fotocamera

Disegna la ciambella tracciando un cerchio preciso con due linee incrociate, dopo crea un secondo cerchietto all'interno, per poi aggiungere lo zucchero e la cioccolata colante.

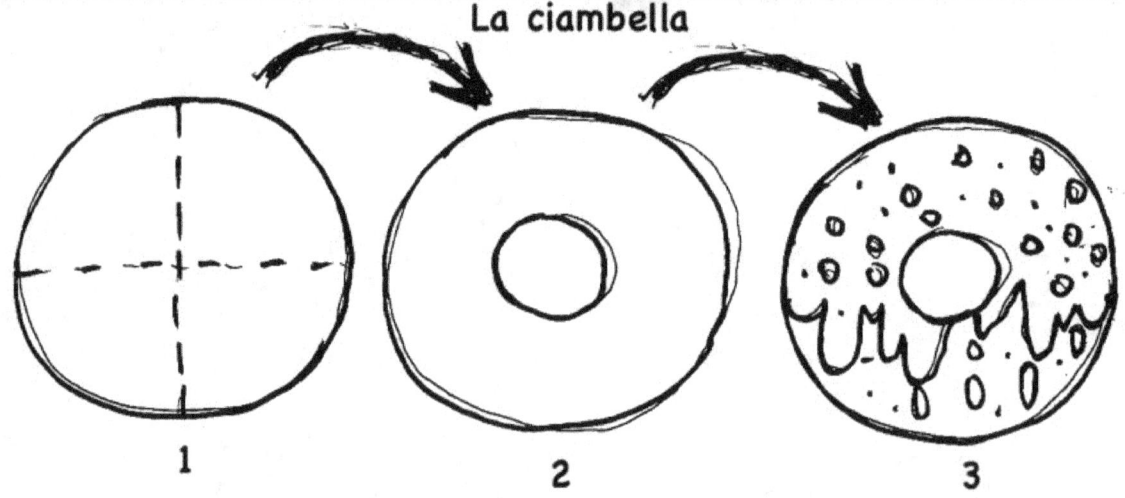

La ciambella

Per disegnare bene il trenino, devi cercare prima di impostare la sua forma con un quadrato e un rettangolo, immagine (1) e (2), dopo aggiungi i dettagli, delle ruote, finestra e fumo, immagine (3)

Il trenino a vapore

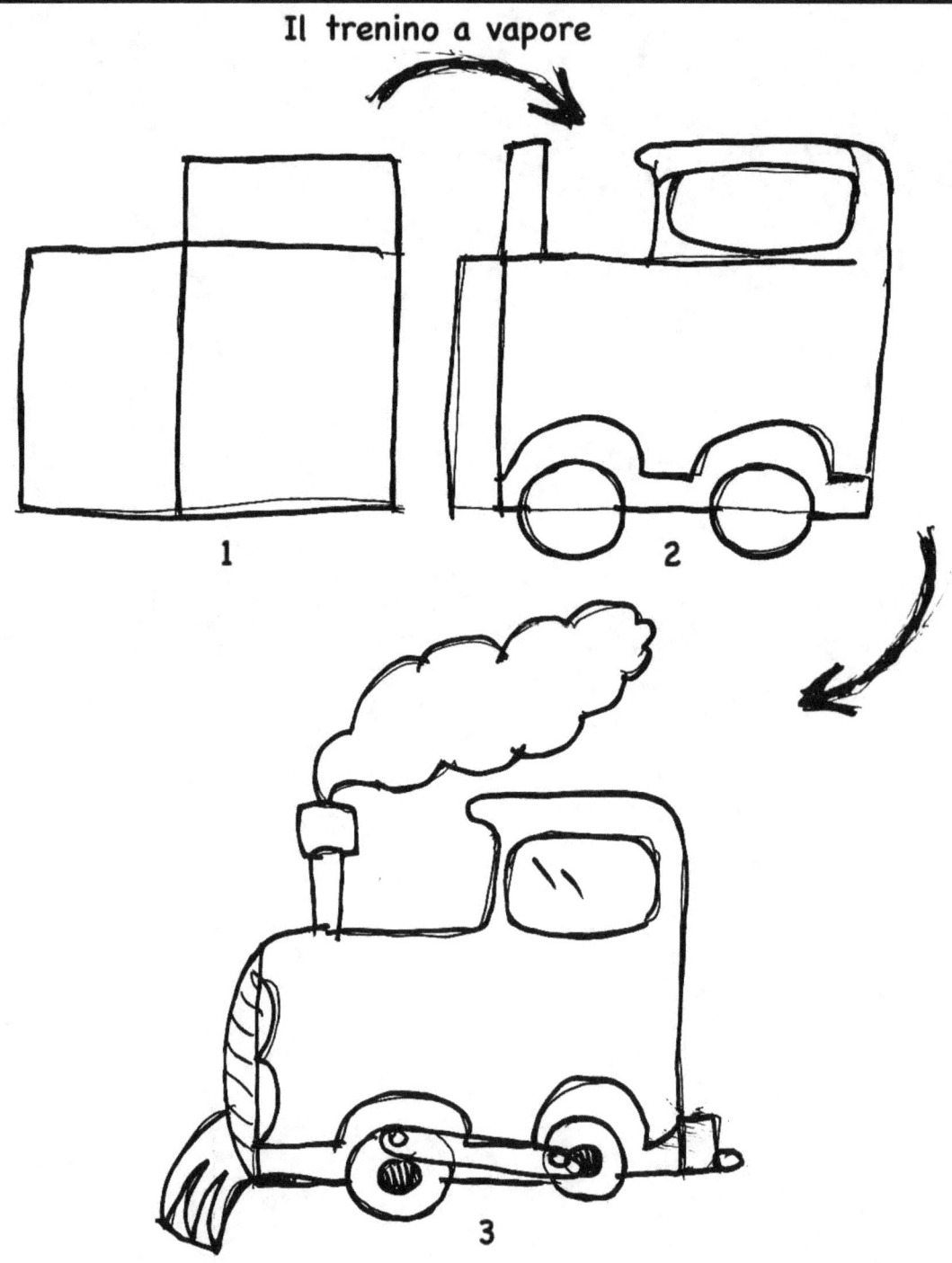

Sembra una lampadina, ma in realtà è una bellissima mongolfiera. Disegnala partendo da poche linee e da un grande cerchio come vedi nell'immagine numero 1, solo dopo aggiungi tutti i dettagi che vedi.

La mongolfiera

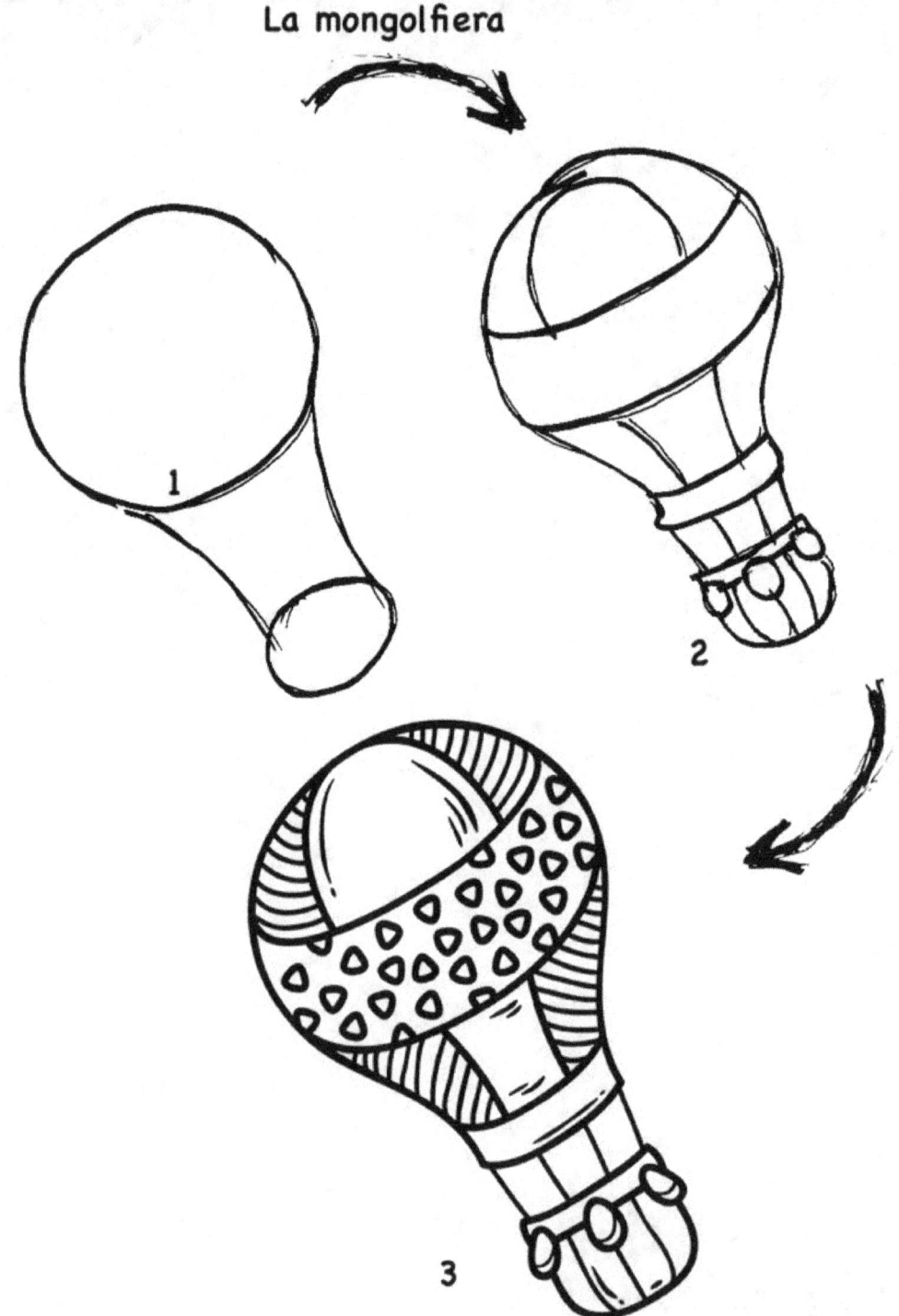

E' il momento di mangiare disegnando la torta e poi la pizza.
Gioca con i cerchi, gli ovali e il triangolo per il pezzo di pizza.

La torta di compleanno

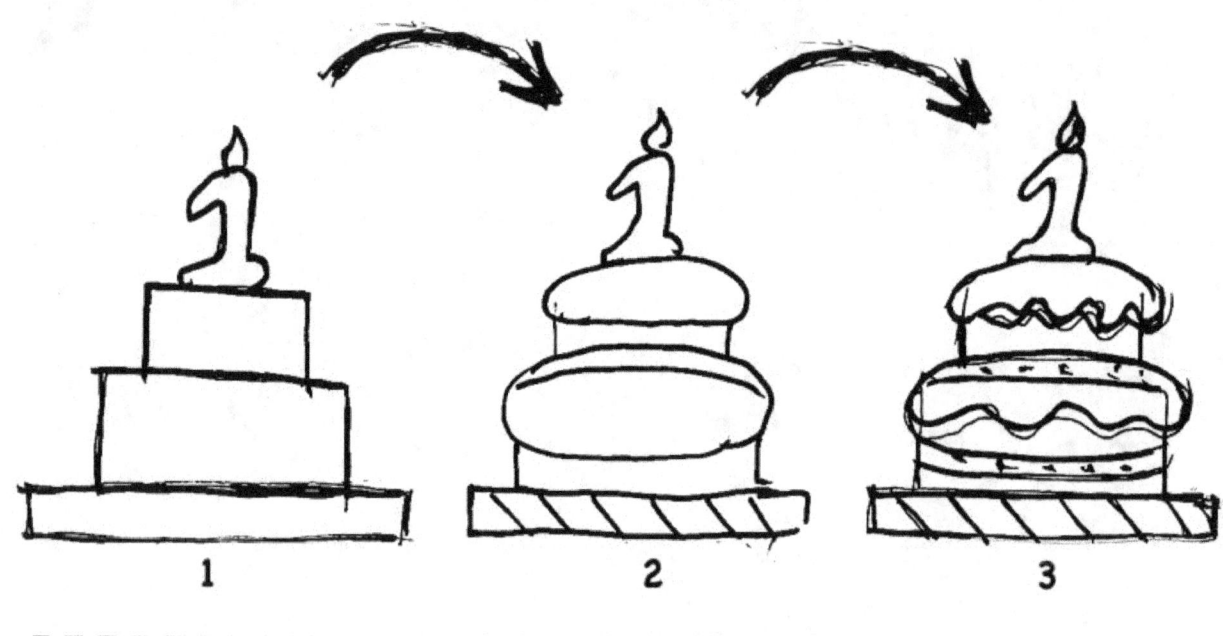

La pizza

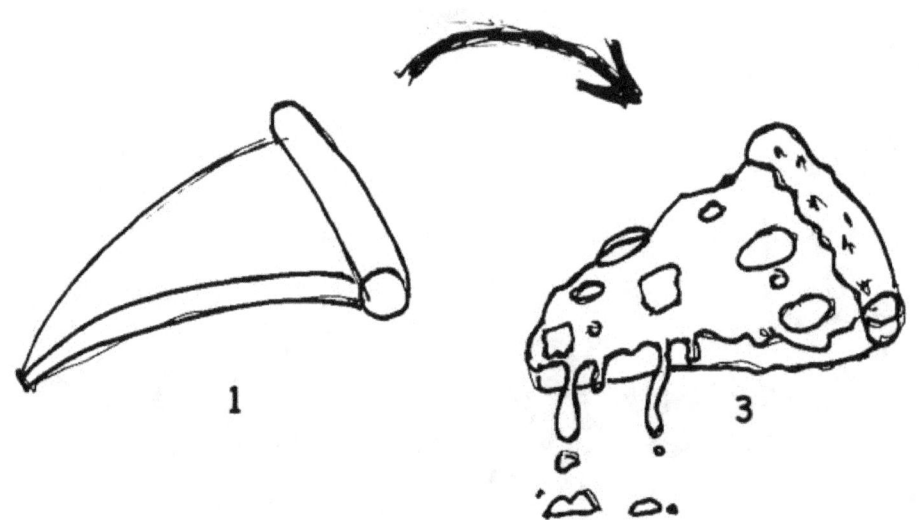

Adesso ti metto alla prova per creare un disegno a tre dimensioni, inizia a disegnare un quadrato (1), poi un secondo quadrato da mettere sopra il primo (2), dopo unisci i due quadrati con quattro linee orizzontali e vedrai uscire un cubo tridimensionale.

Il cubo

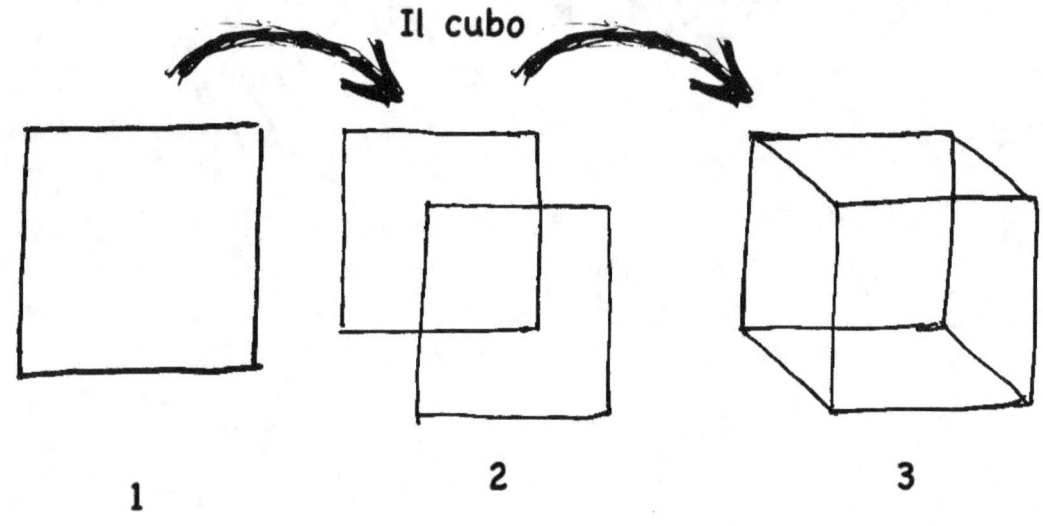

Il razzo

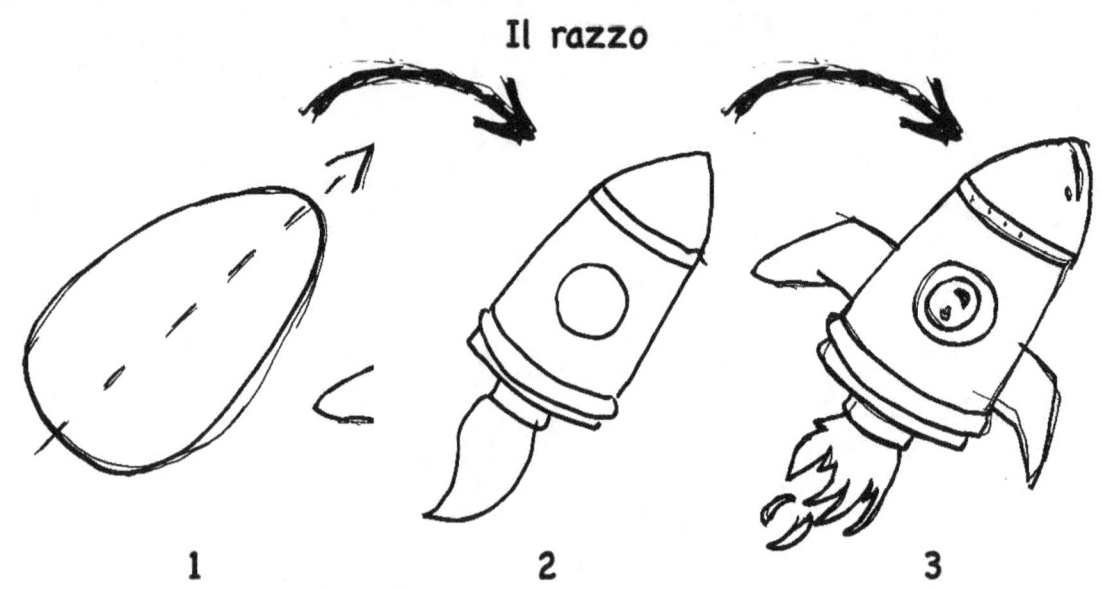

Il gelato a punta

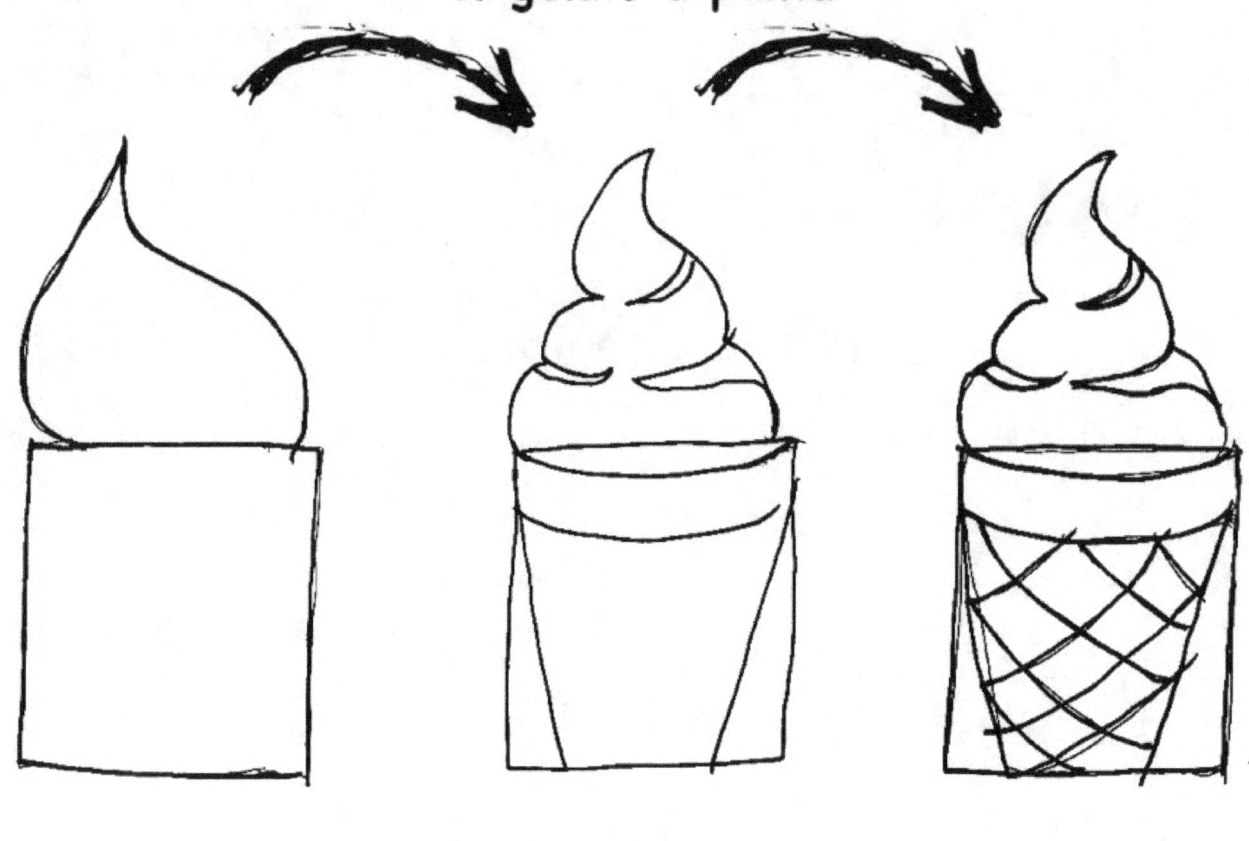

Gli occhiali

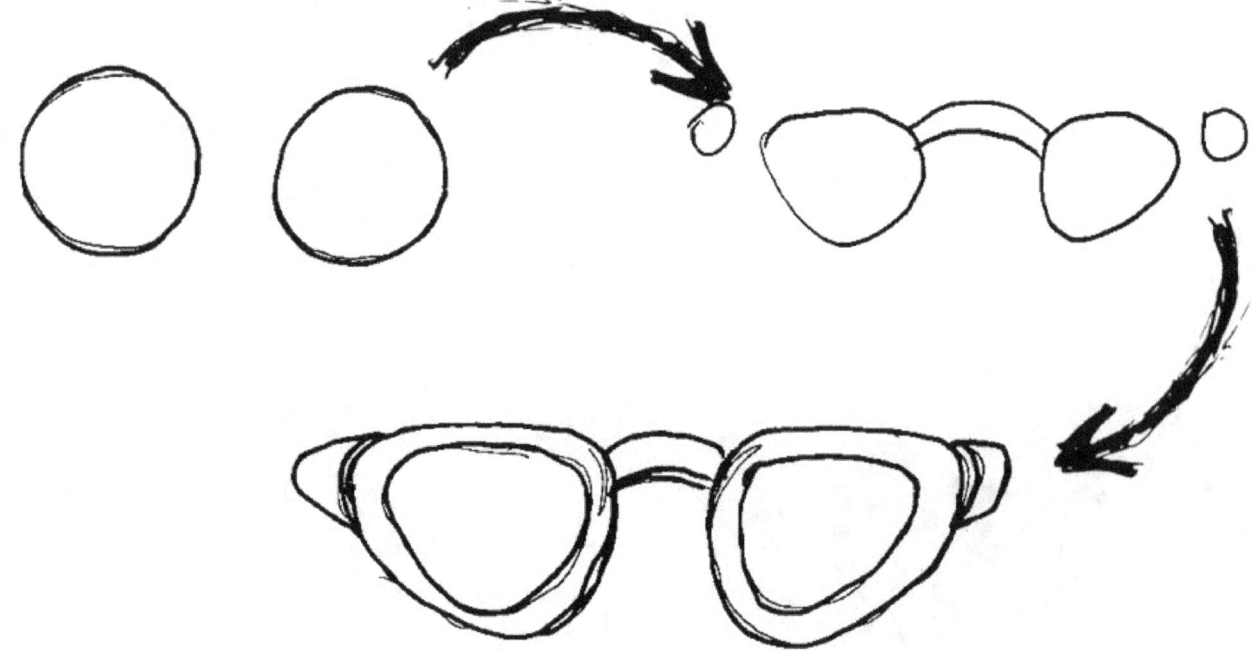

Il fiorellino

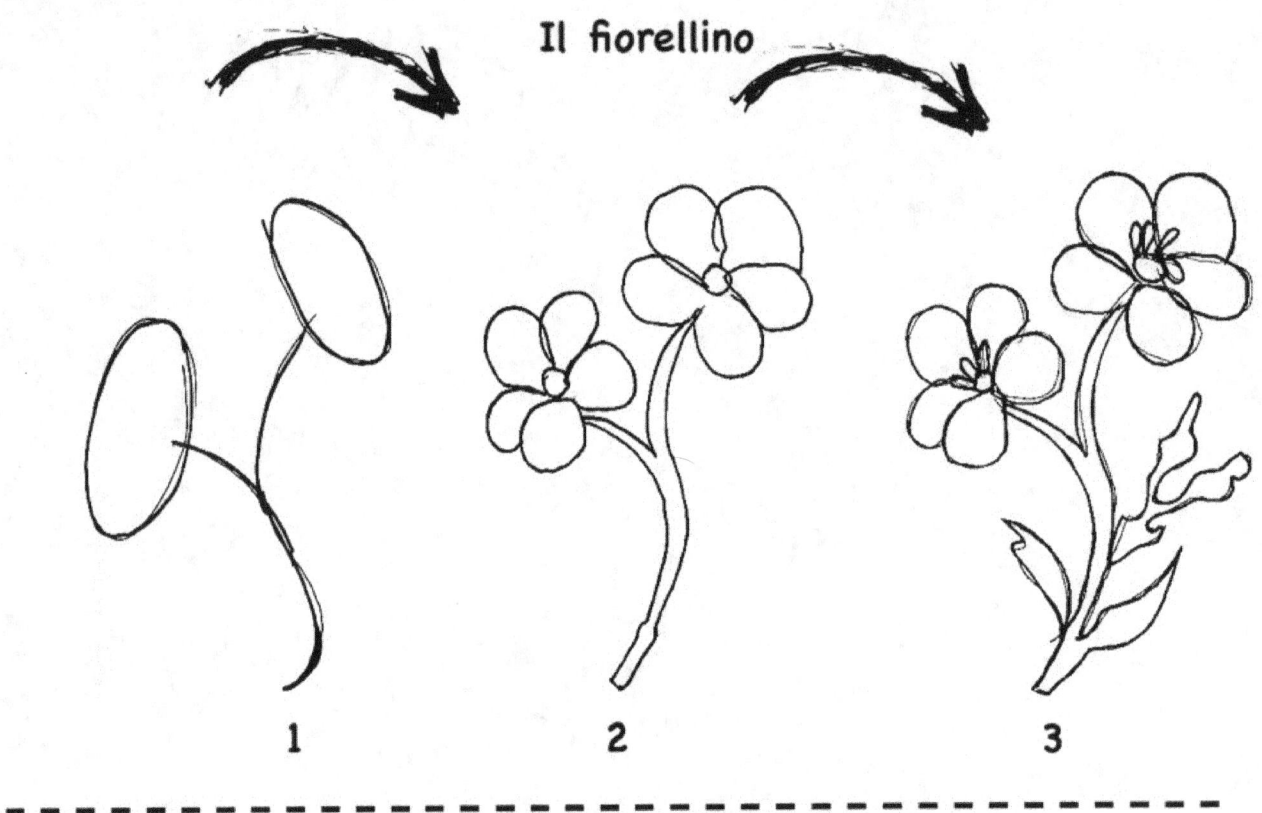

1 2 3

Il fiore a stella

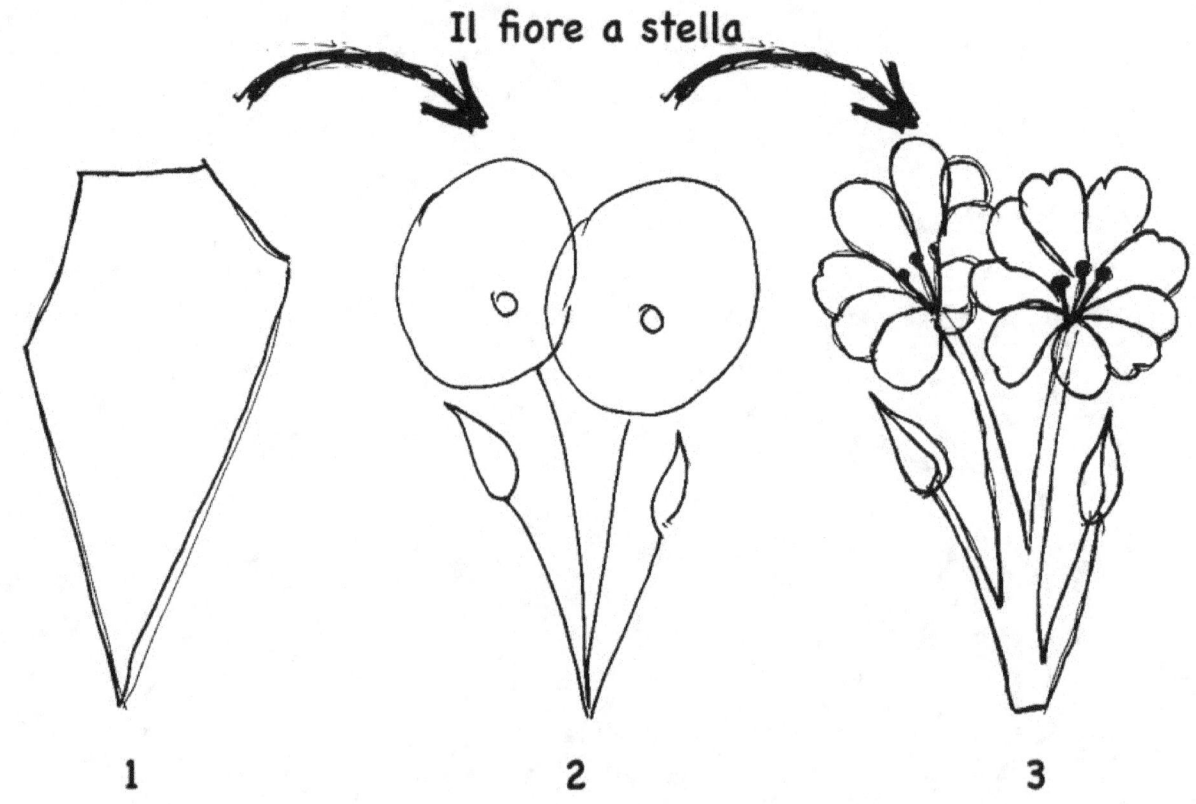

1 2 3

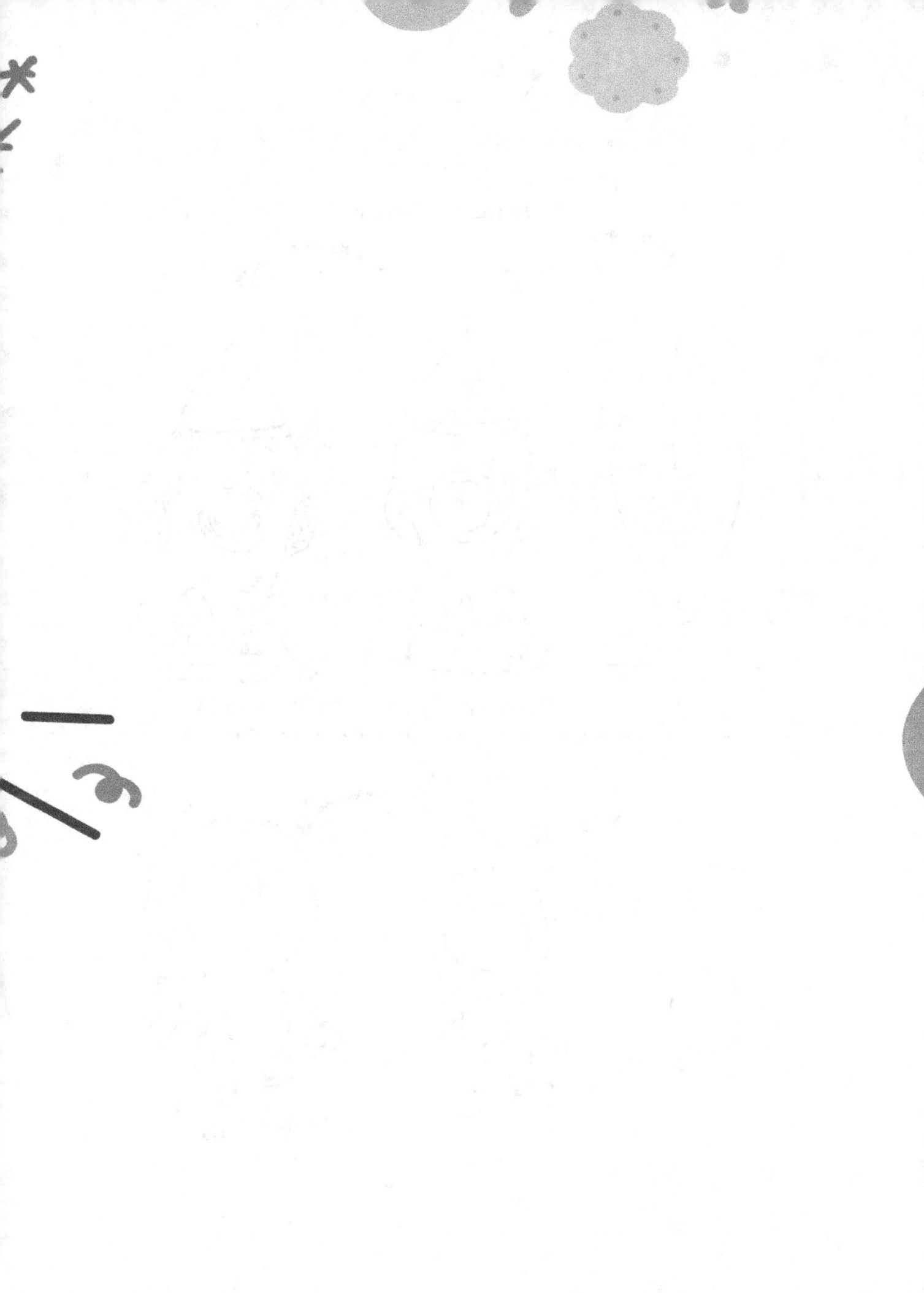

Il razzo atomico

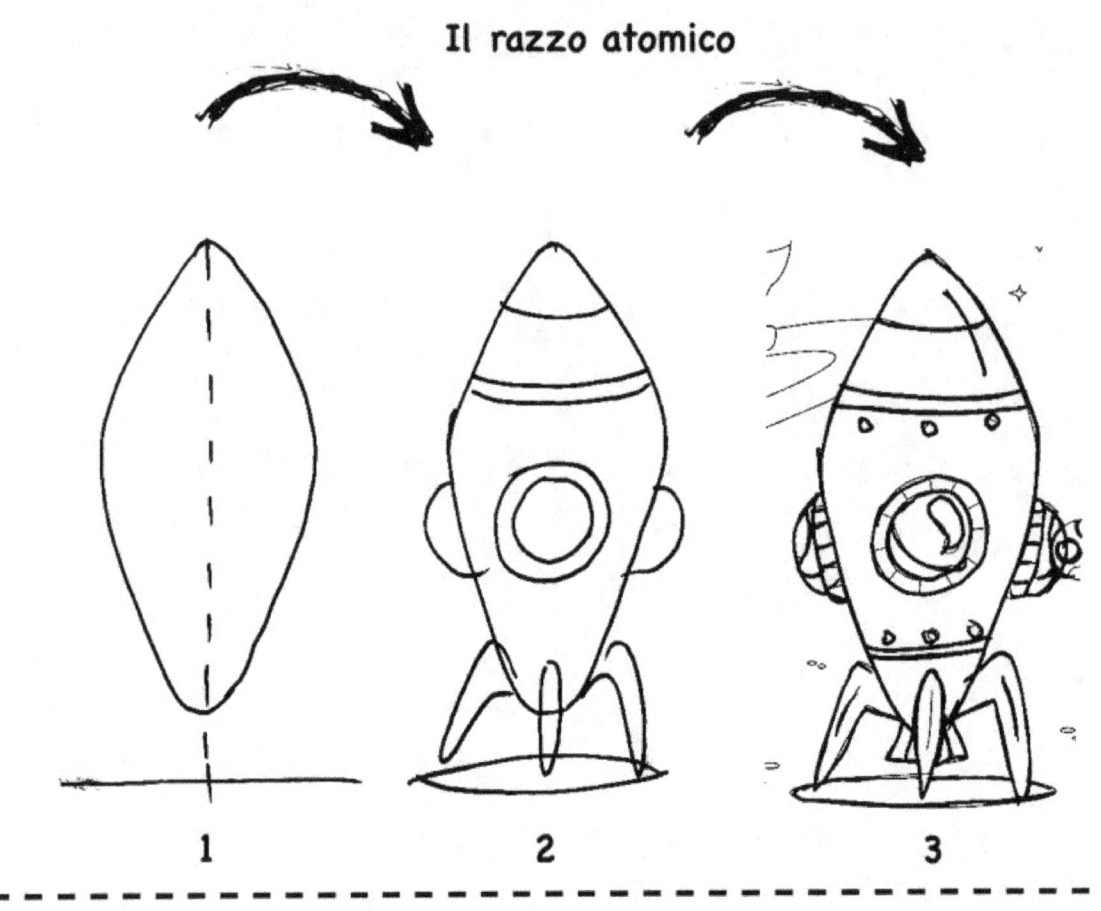

1 2 3

L'astronauta

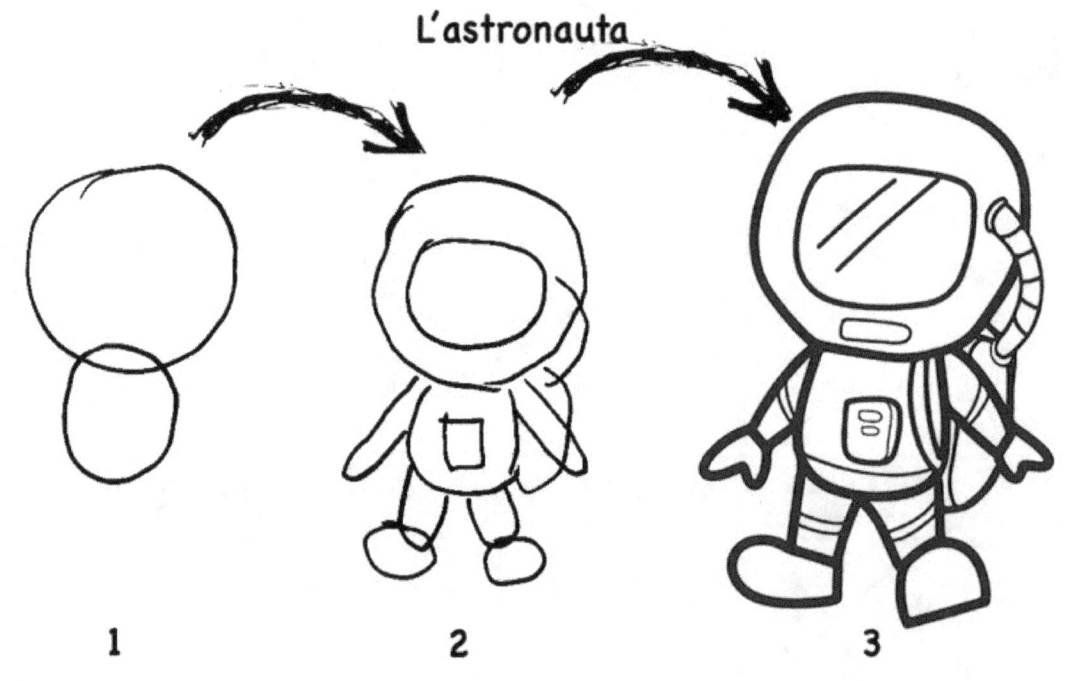

1 2 3

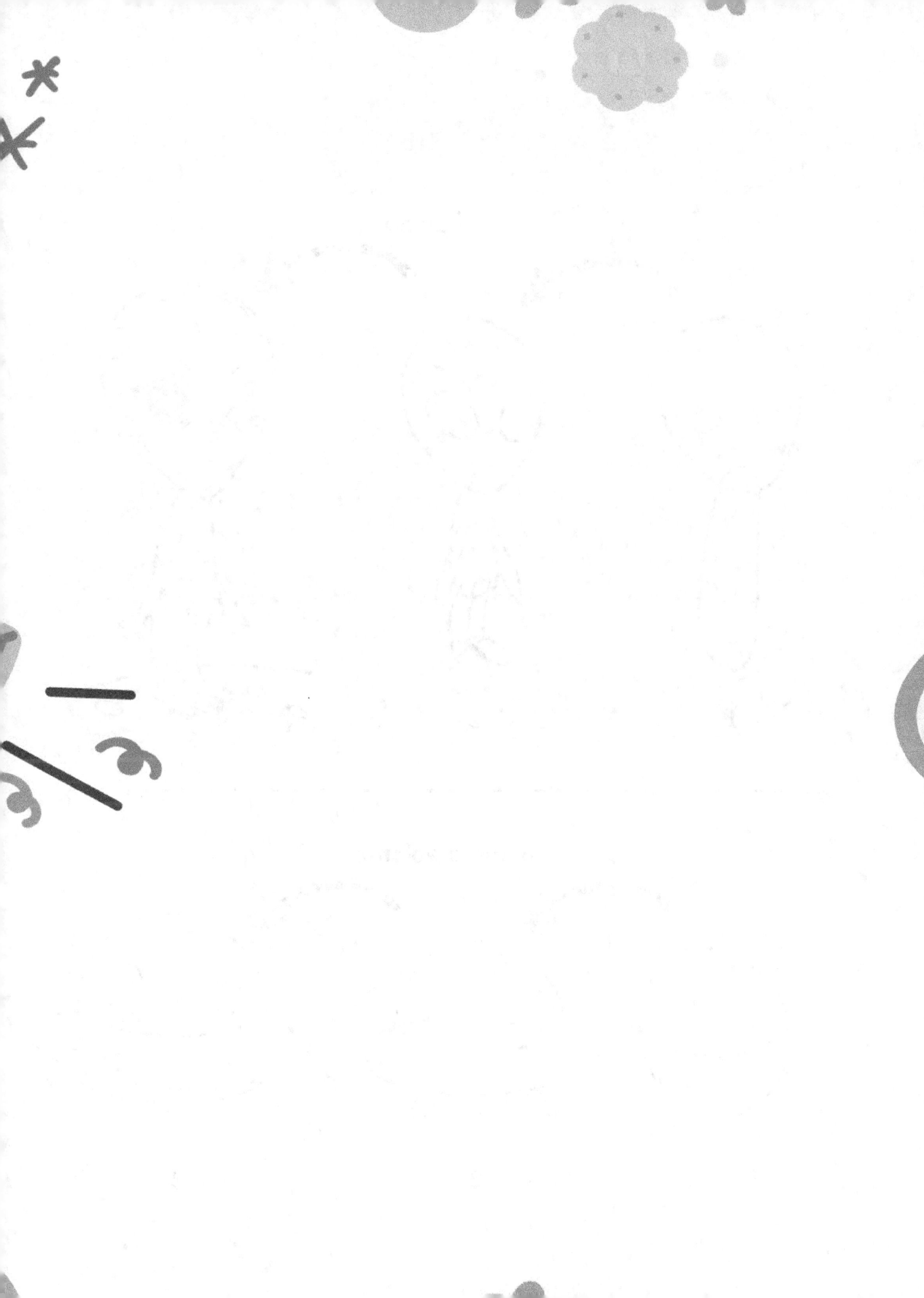

L'alieno

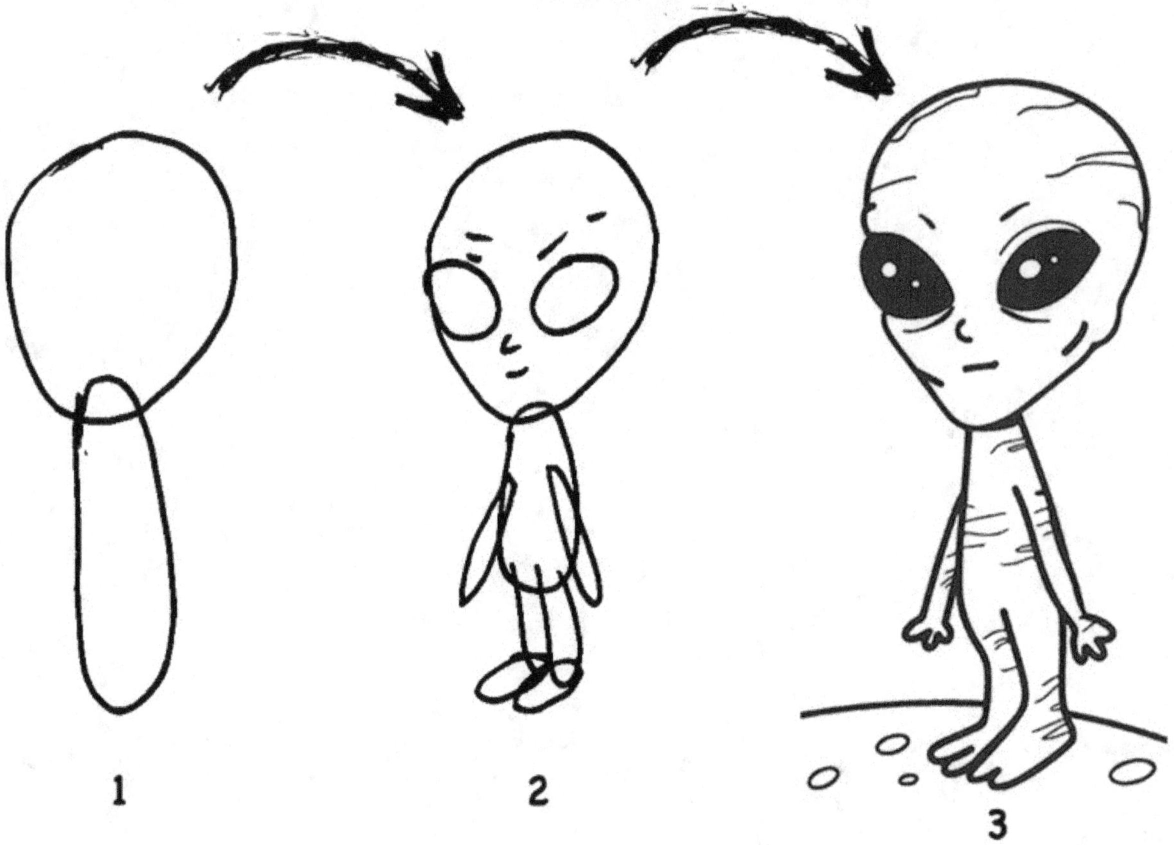

1   2   3

Il disco volante

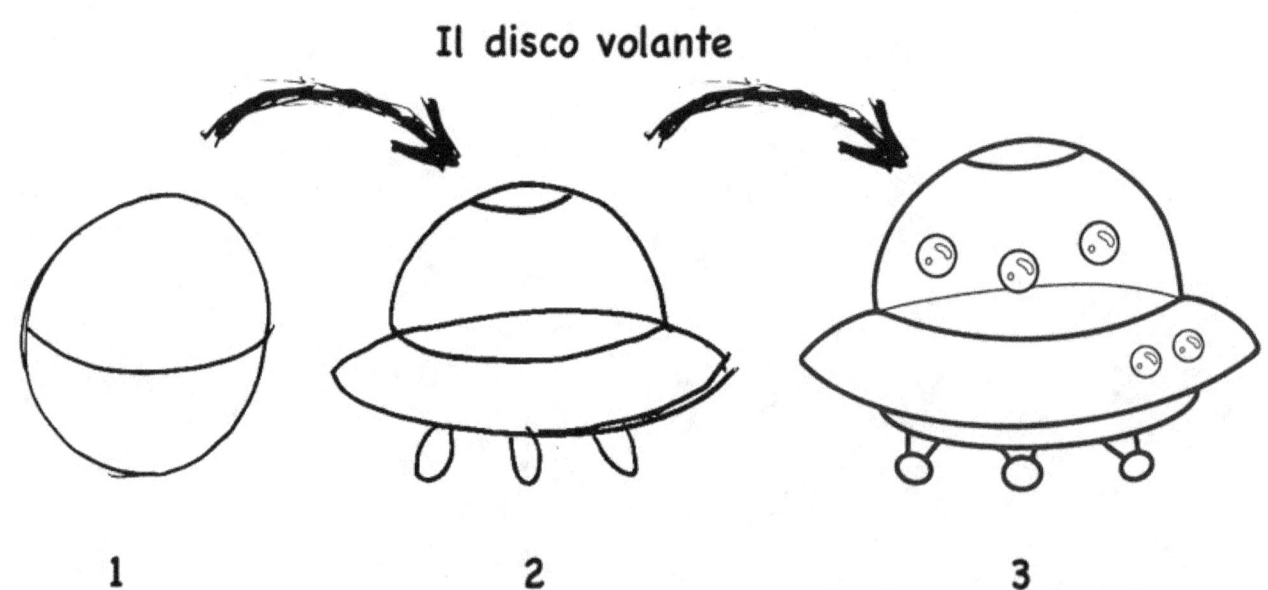

1   2   3

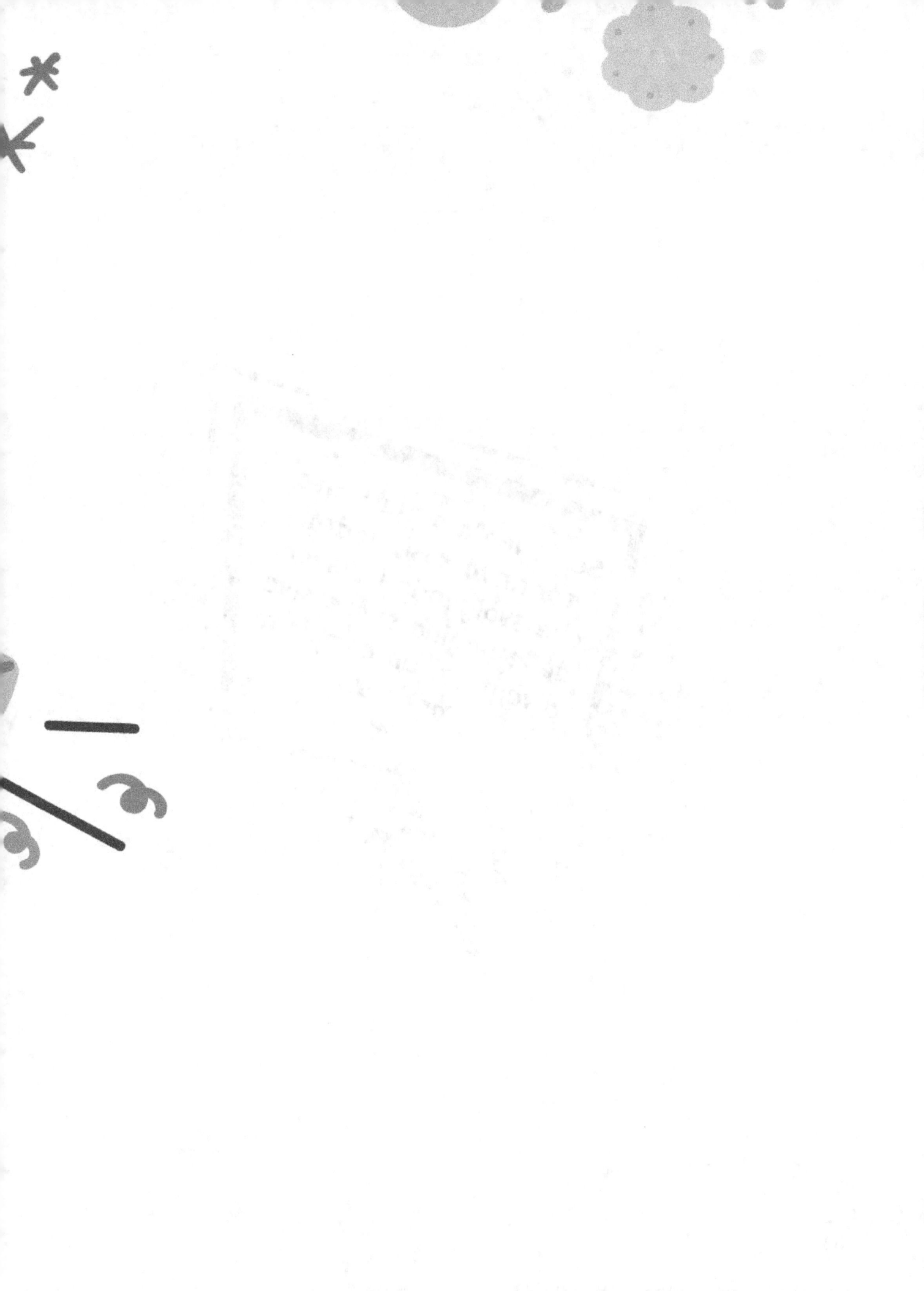

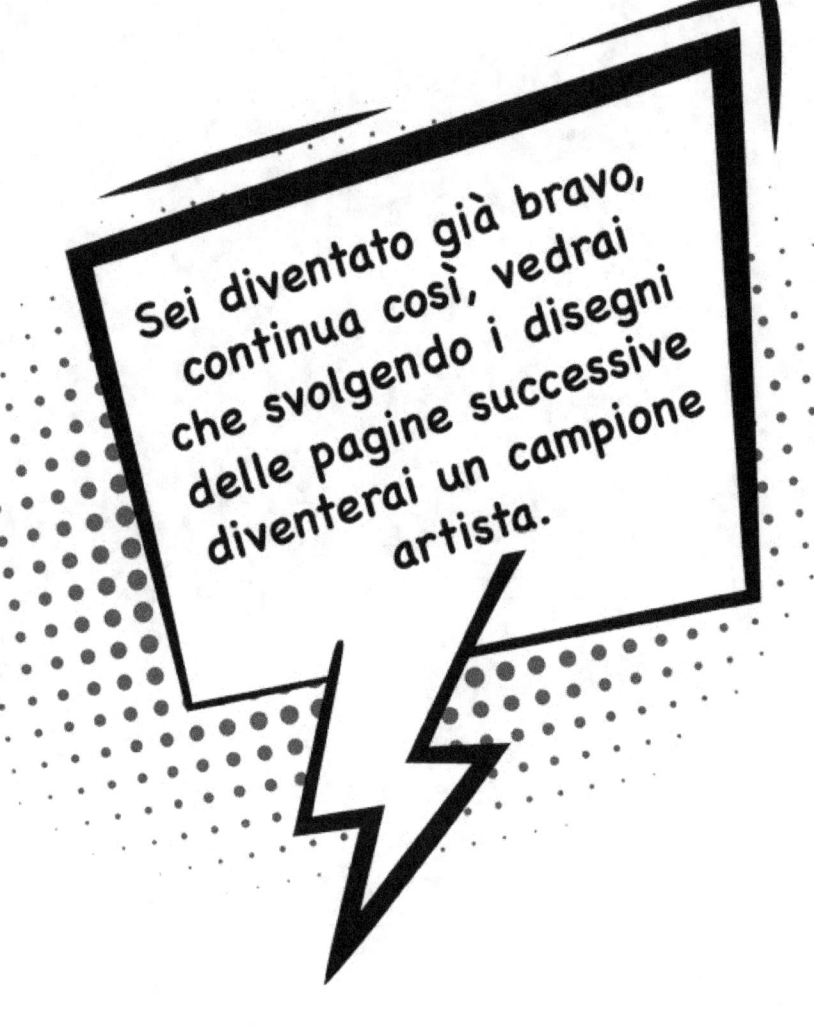

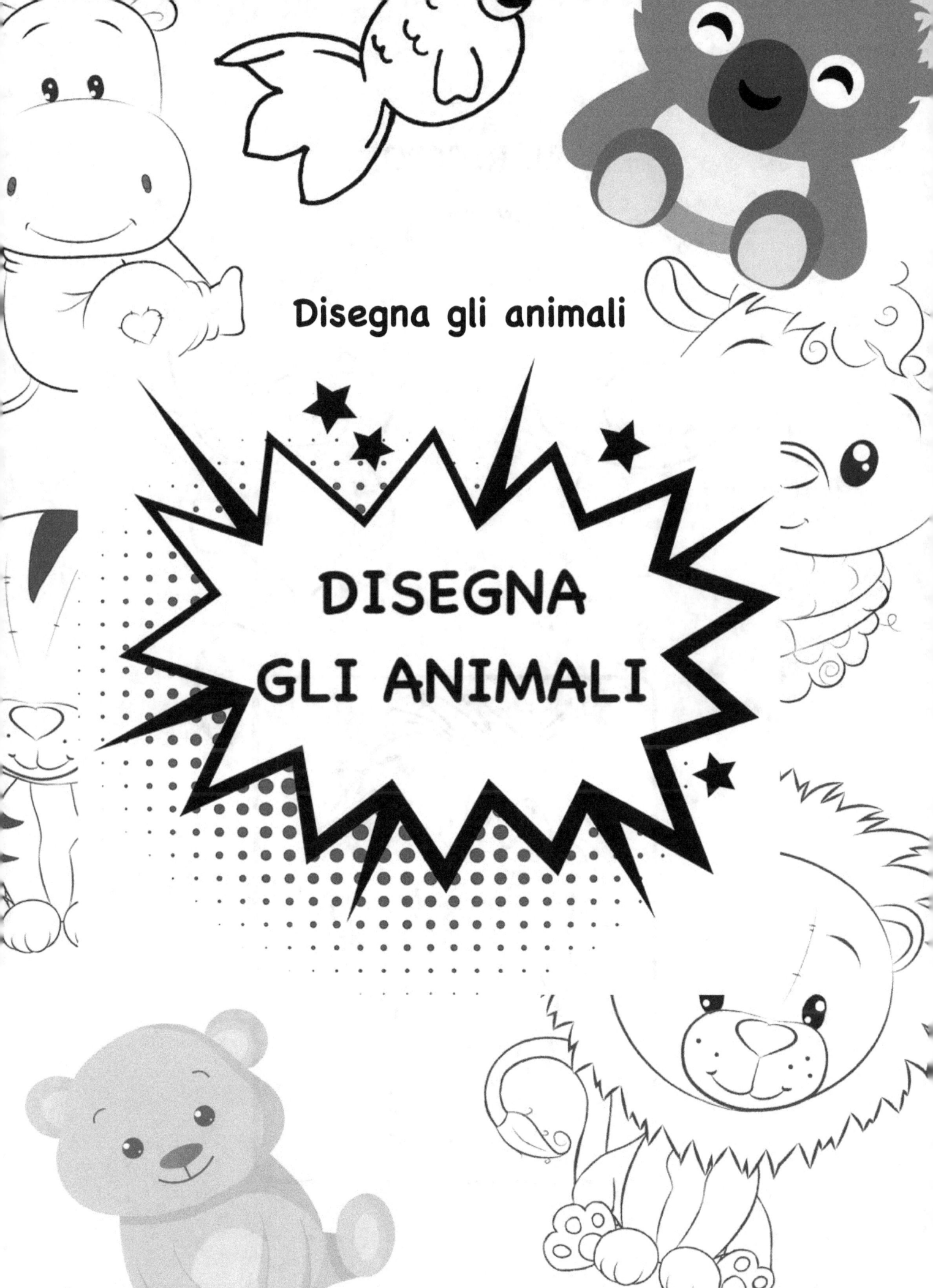

IL RICCIO

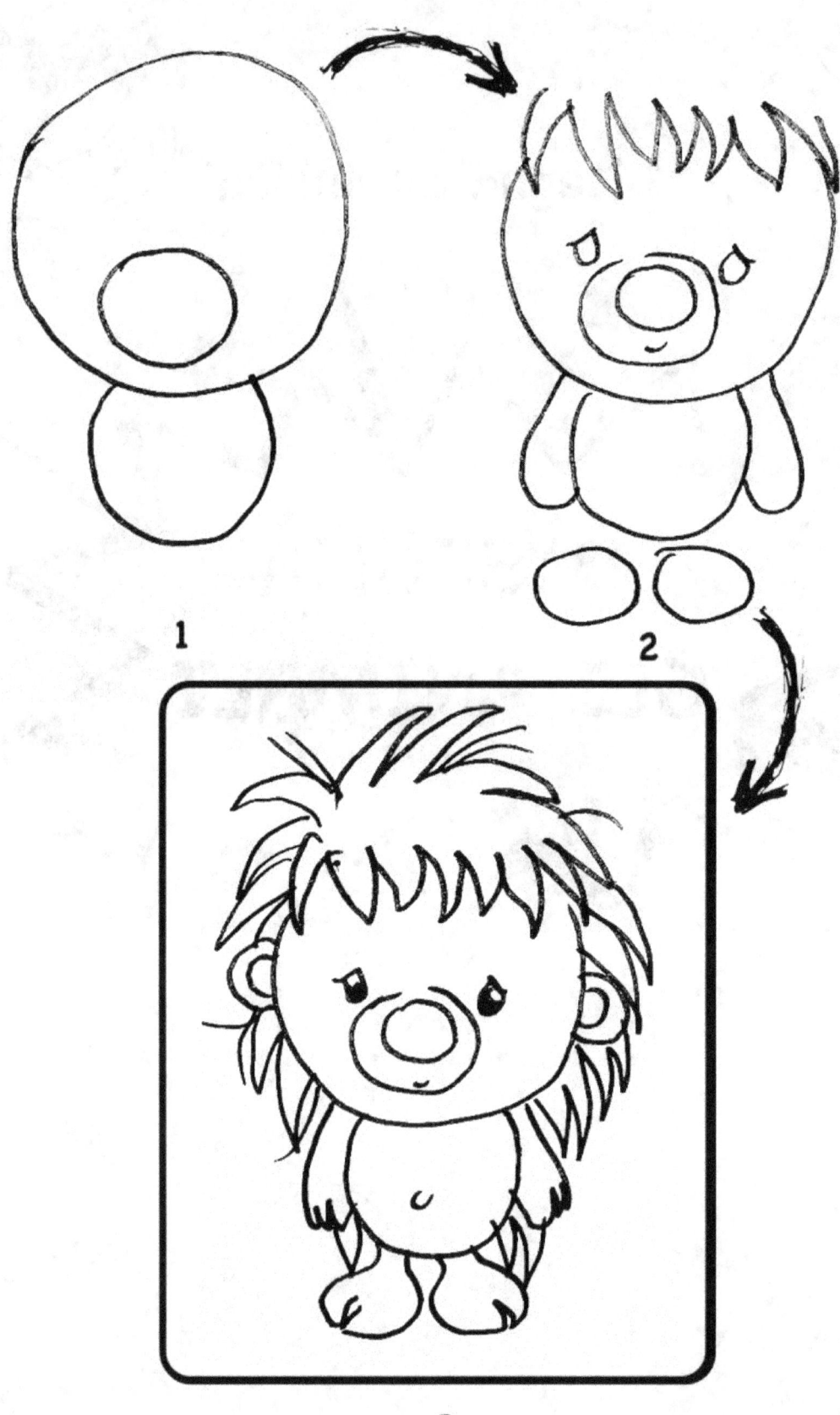

L'ORSACCHIOTTO

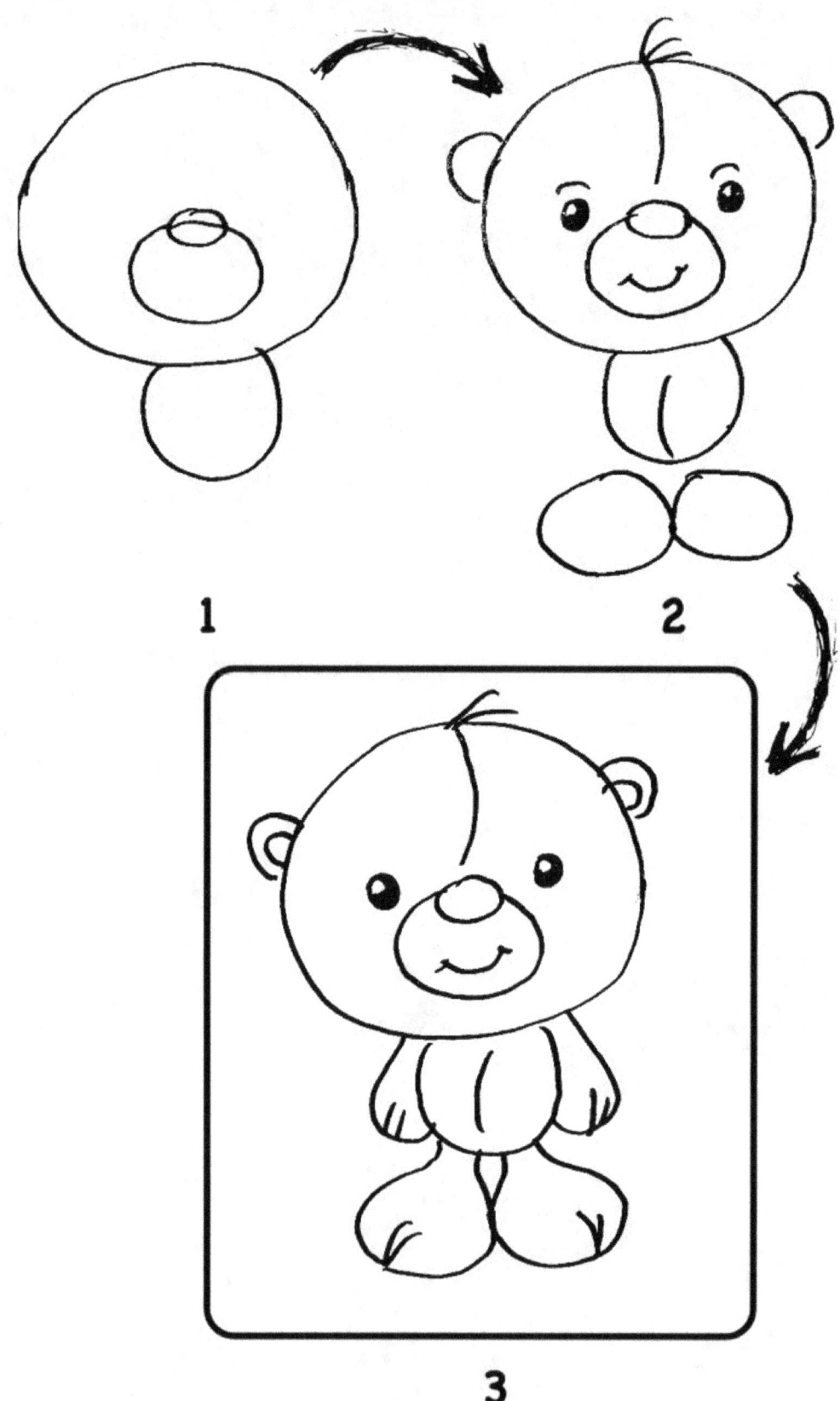

1

2

3

LA GIRAFFA

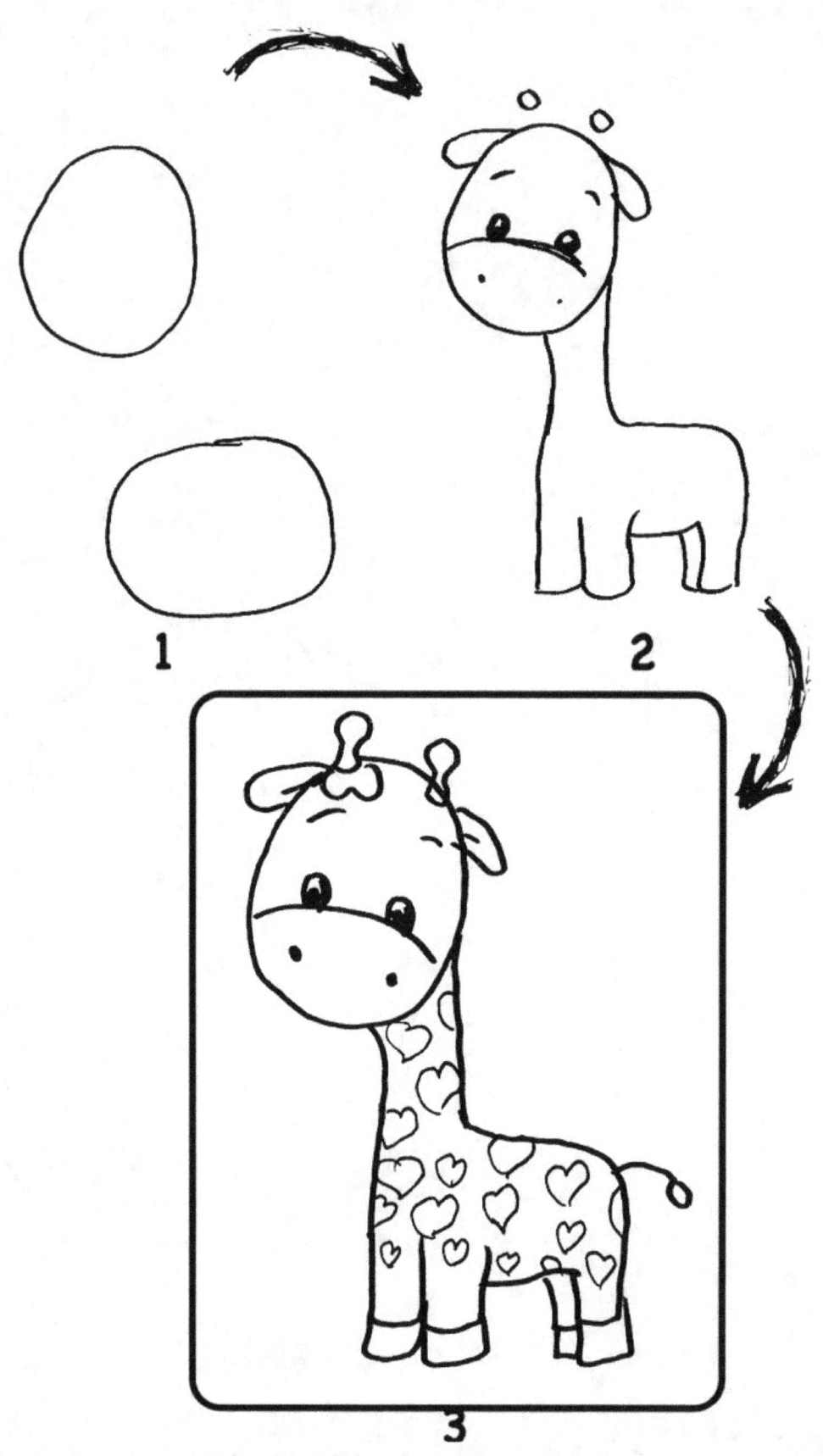

1

2

3

IL PULCINO

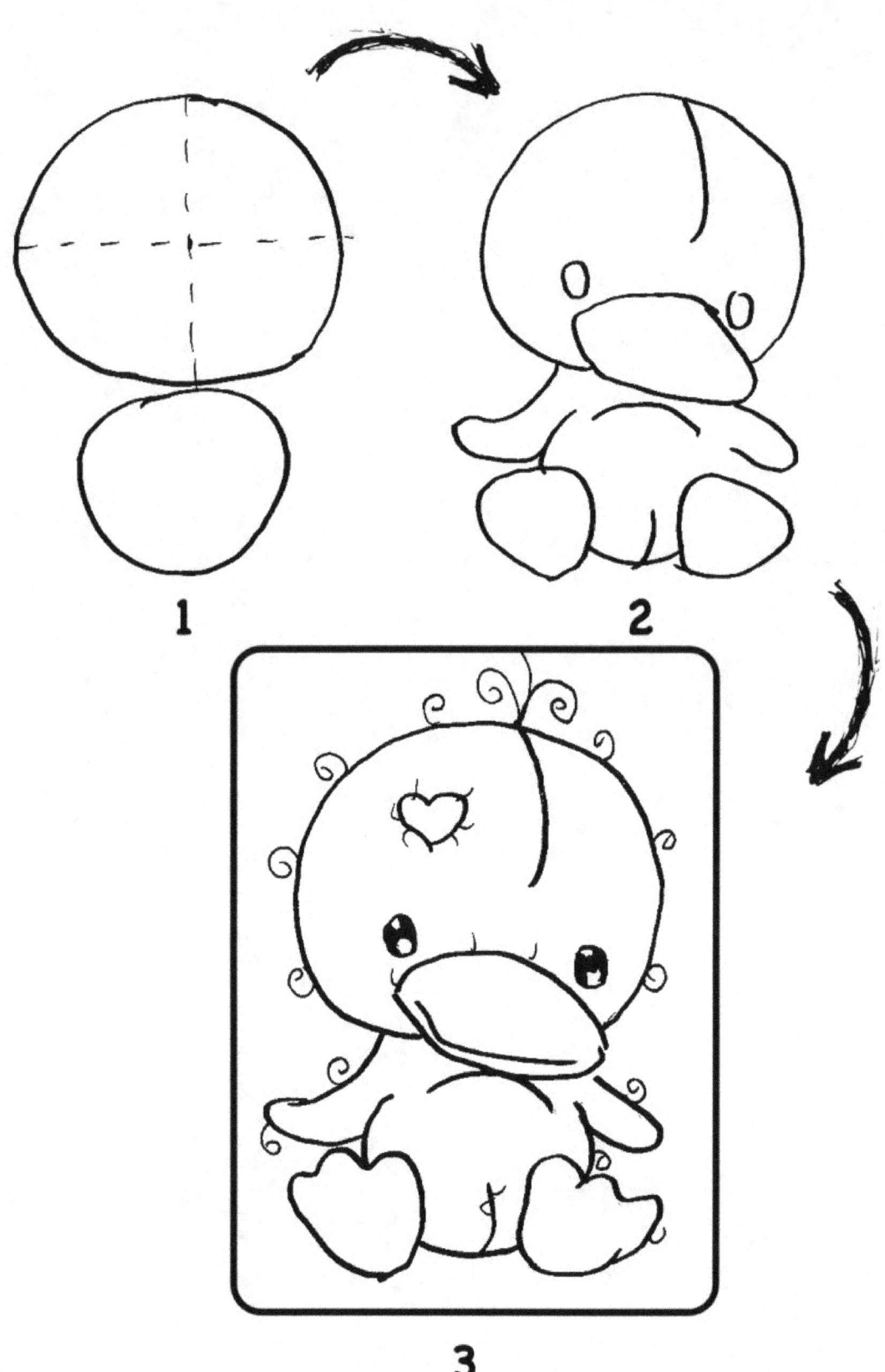

IPPOPOTAMO

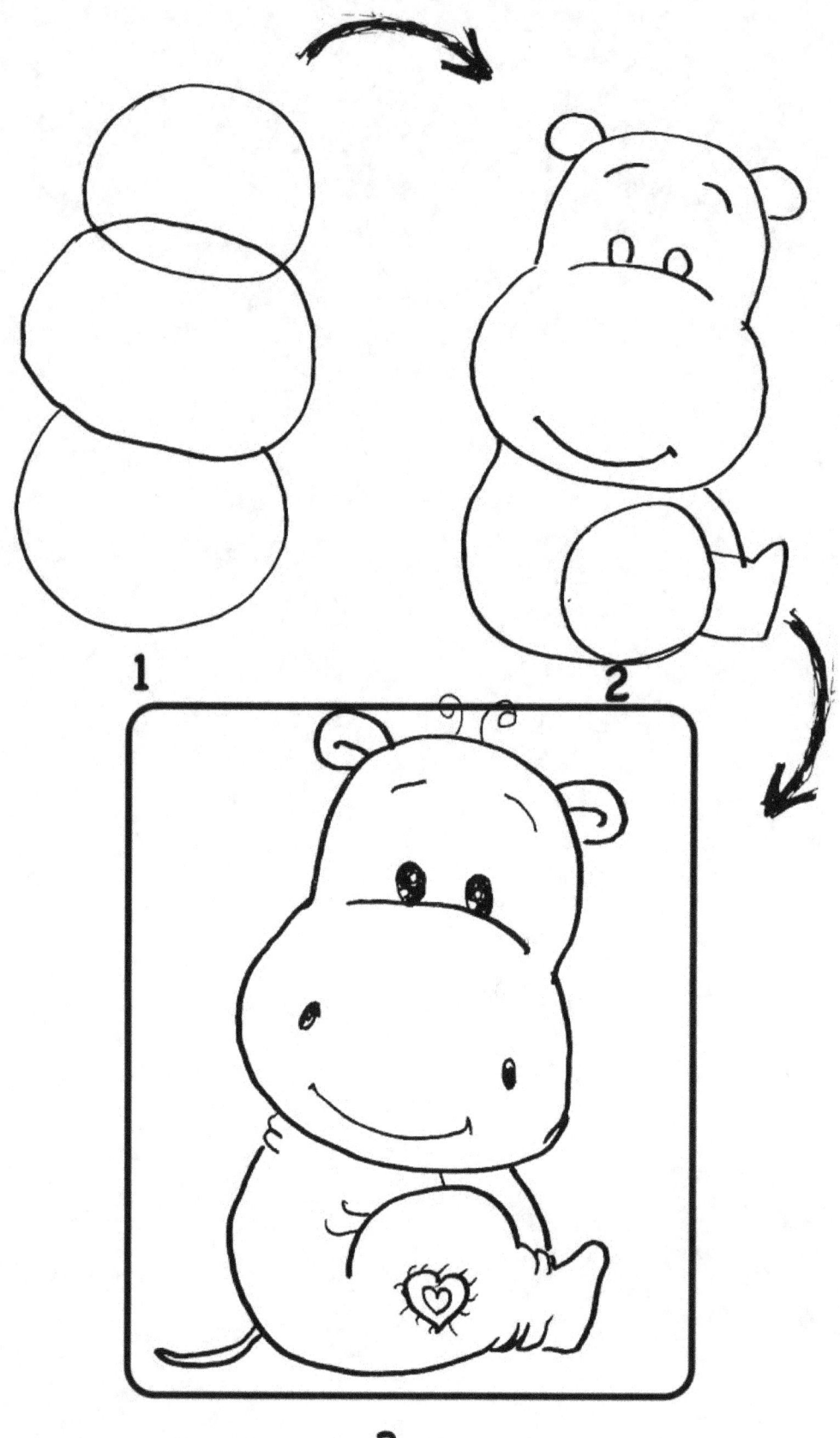

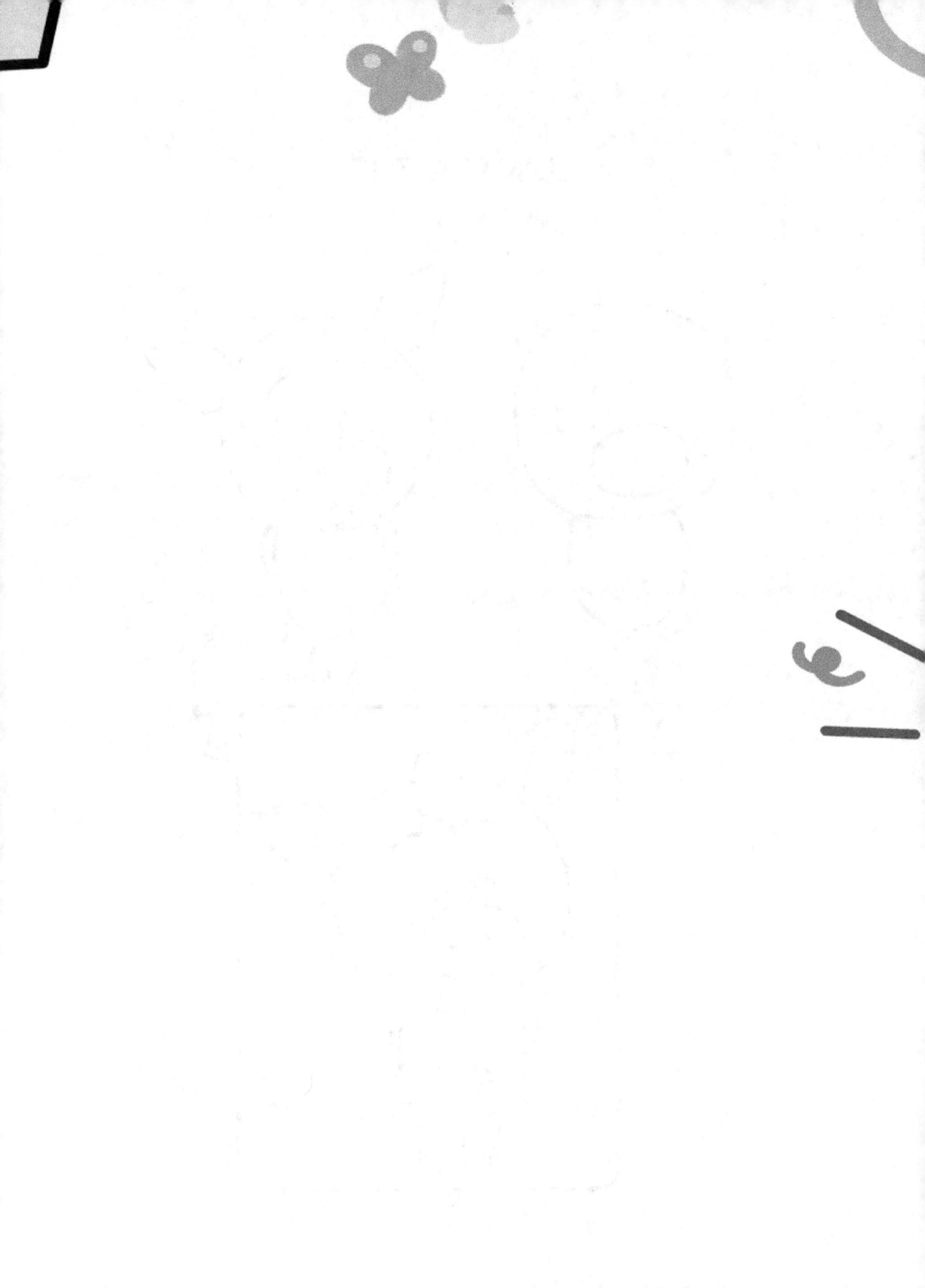

IL MAIALINO

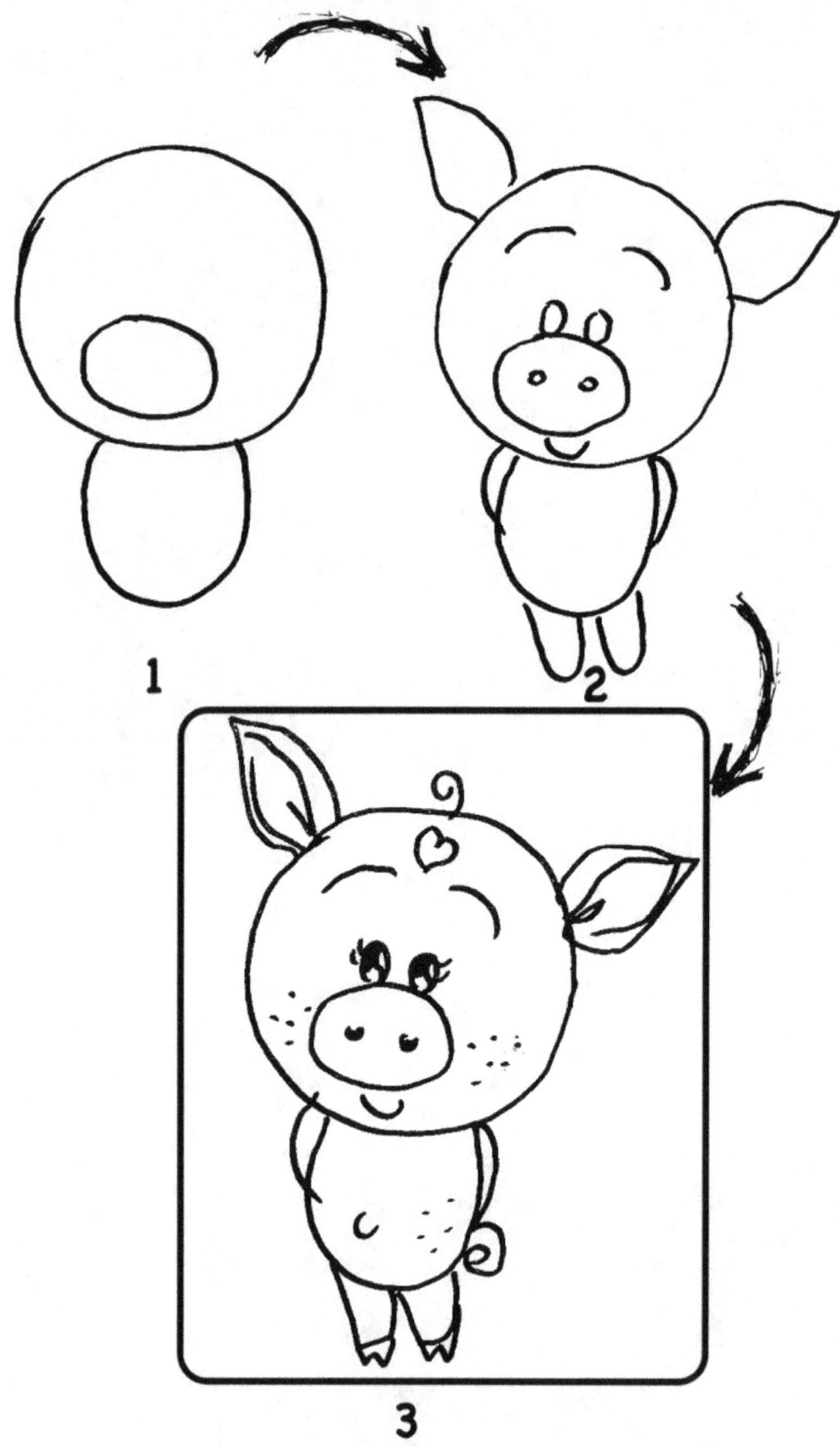

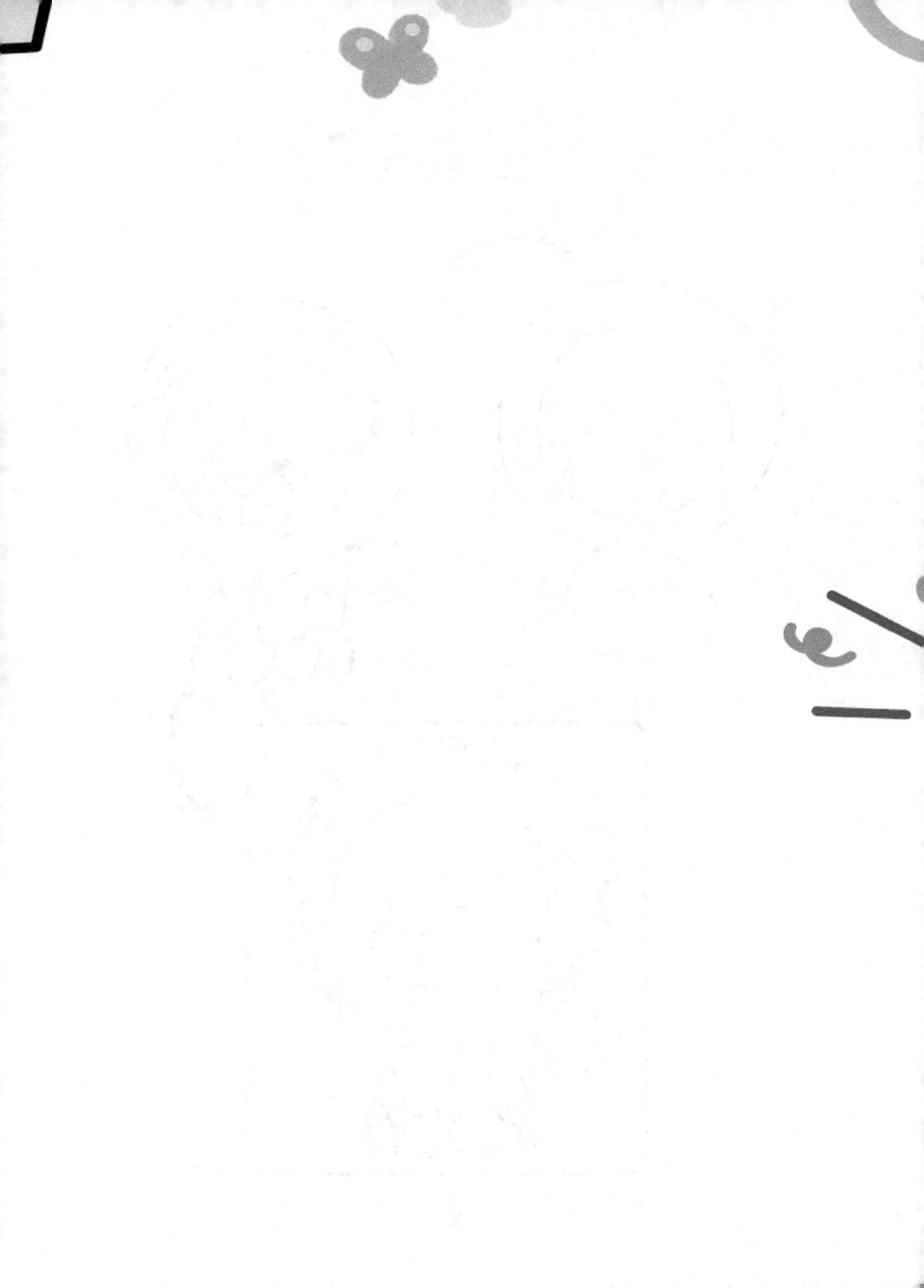

IL LEONE

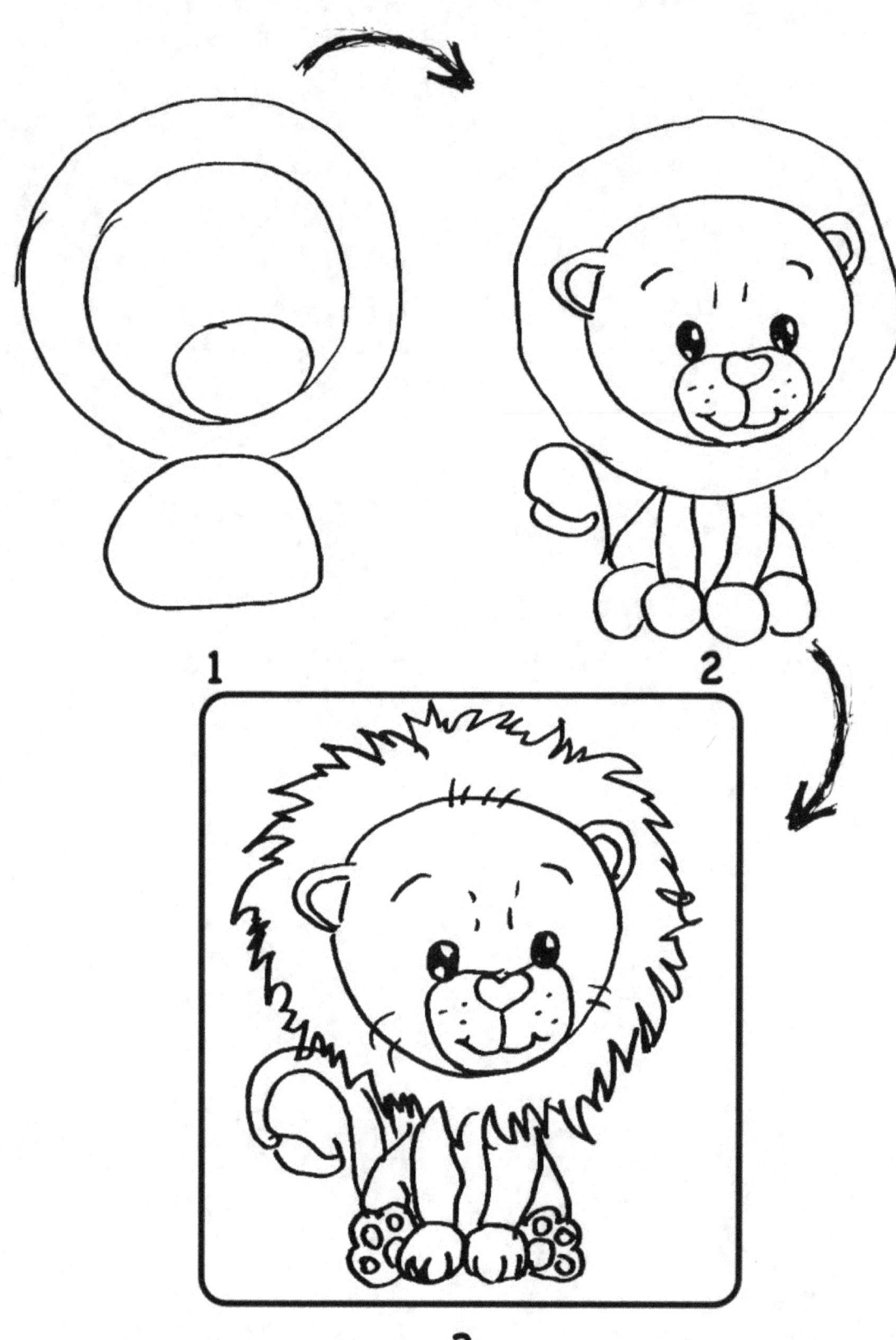

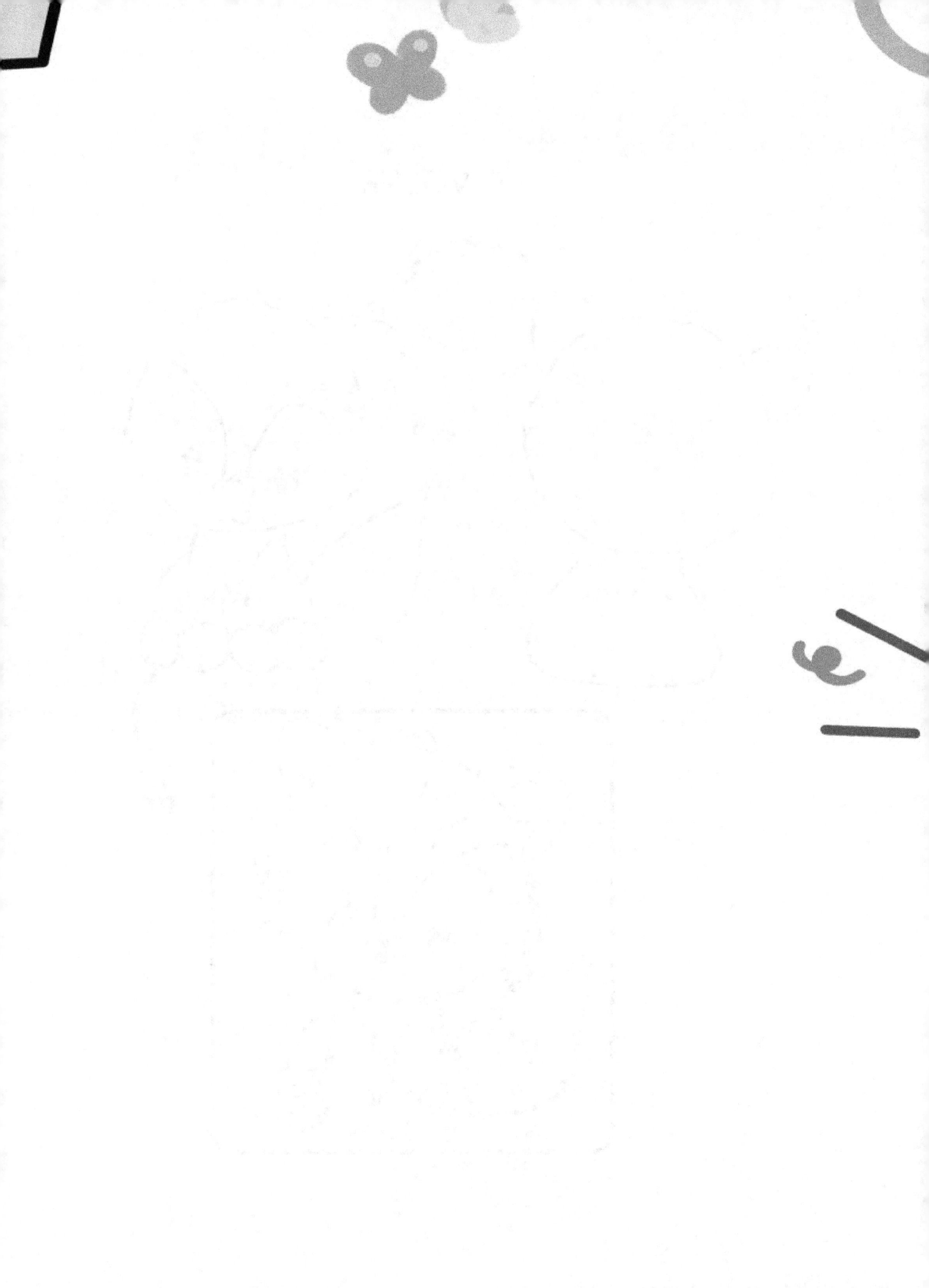

LA VOLPE

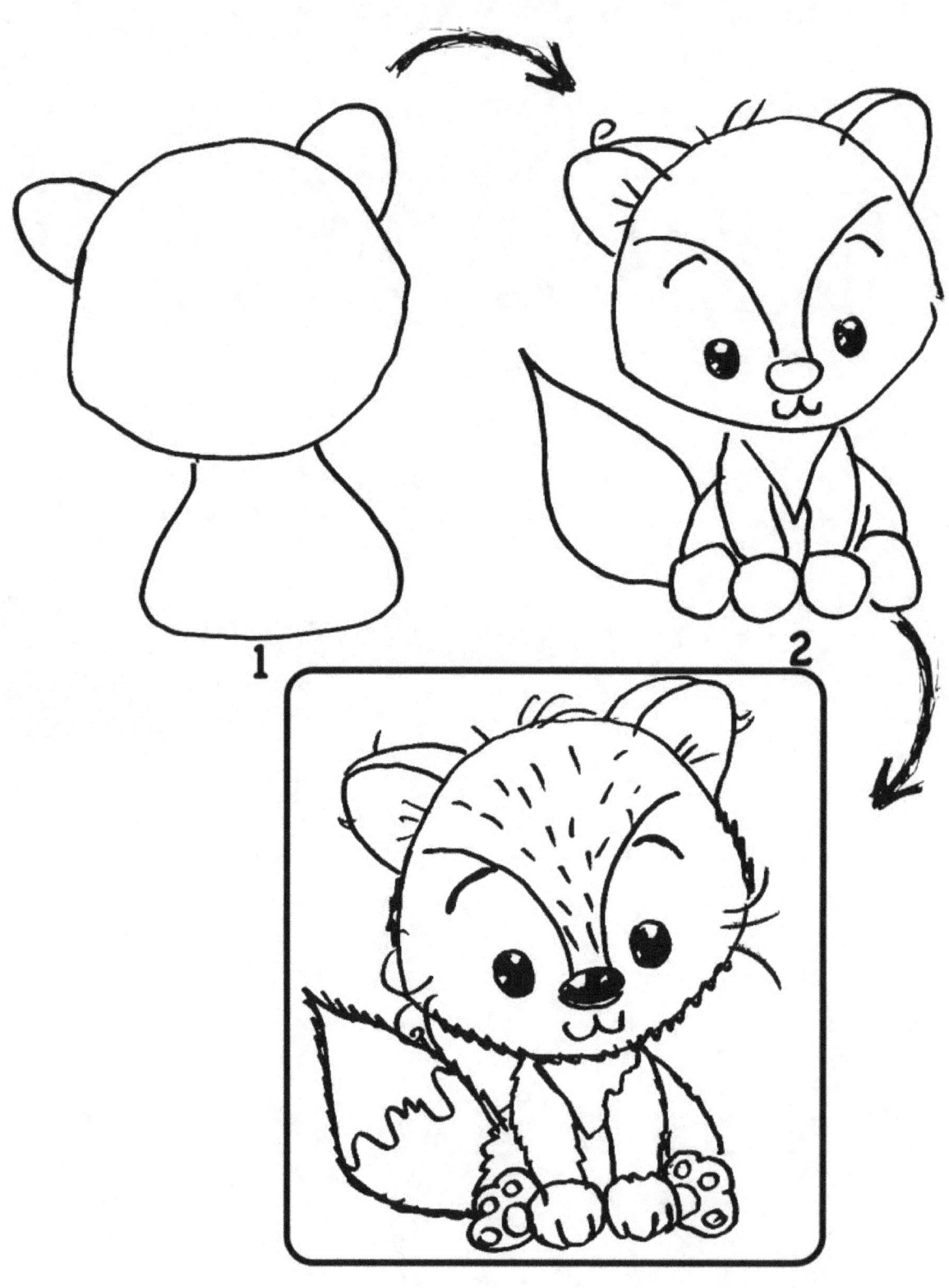

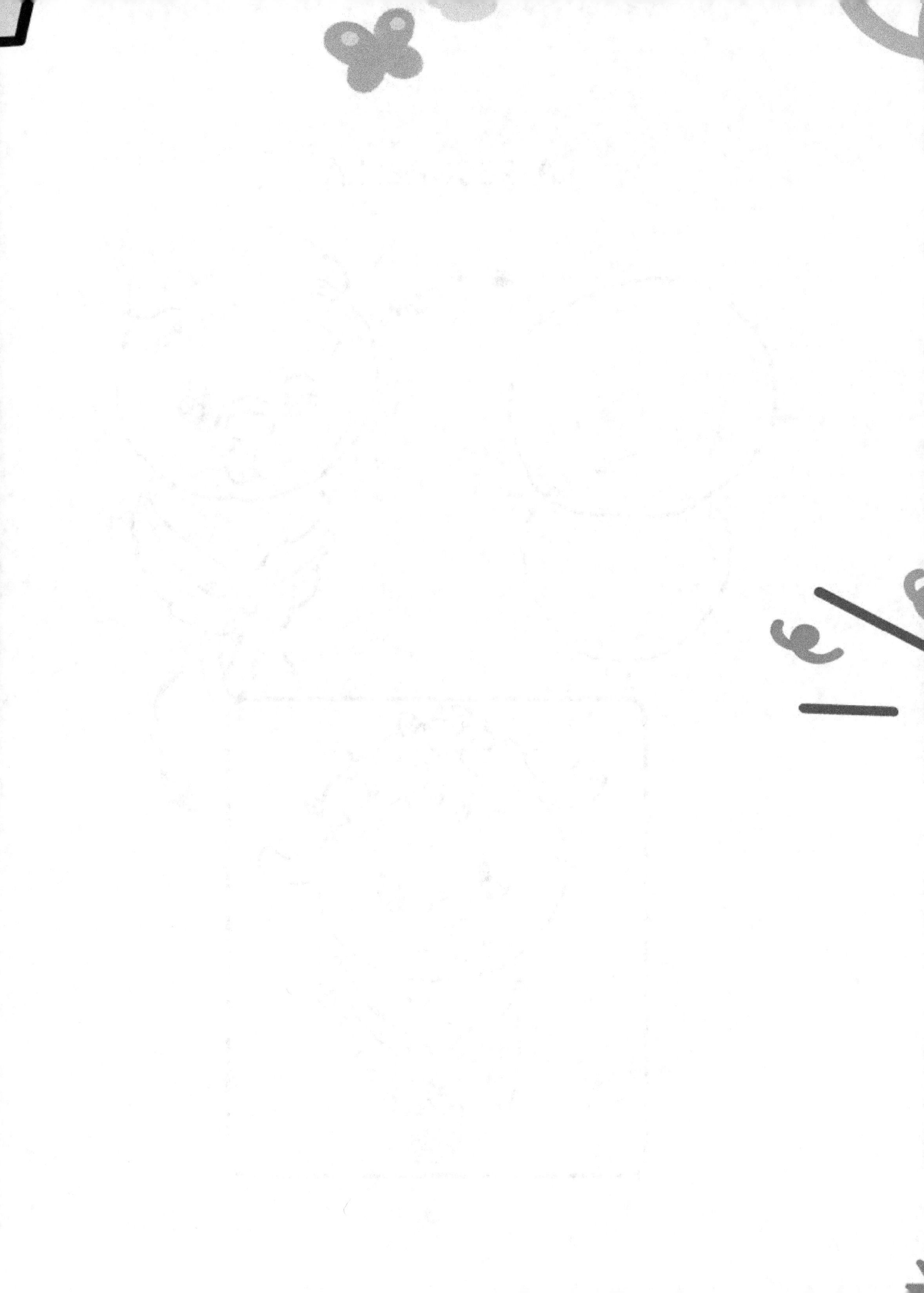

LA PECORELLA

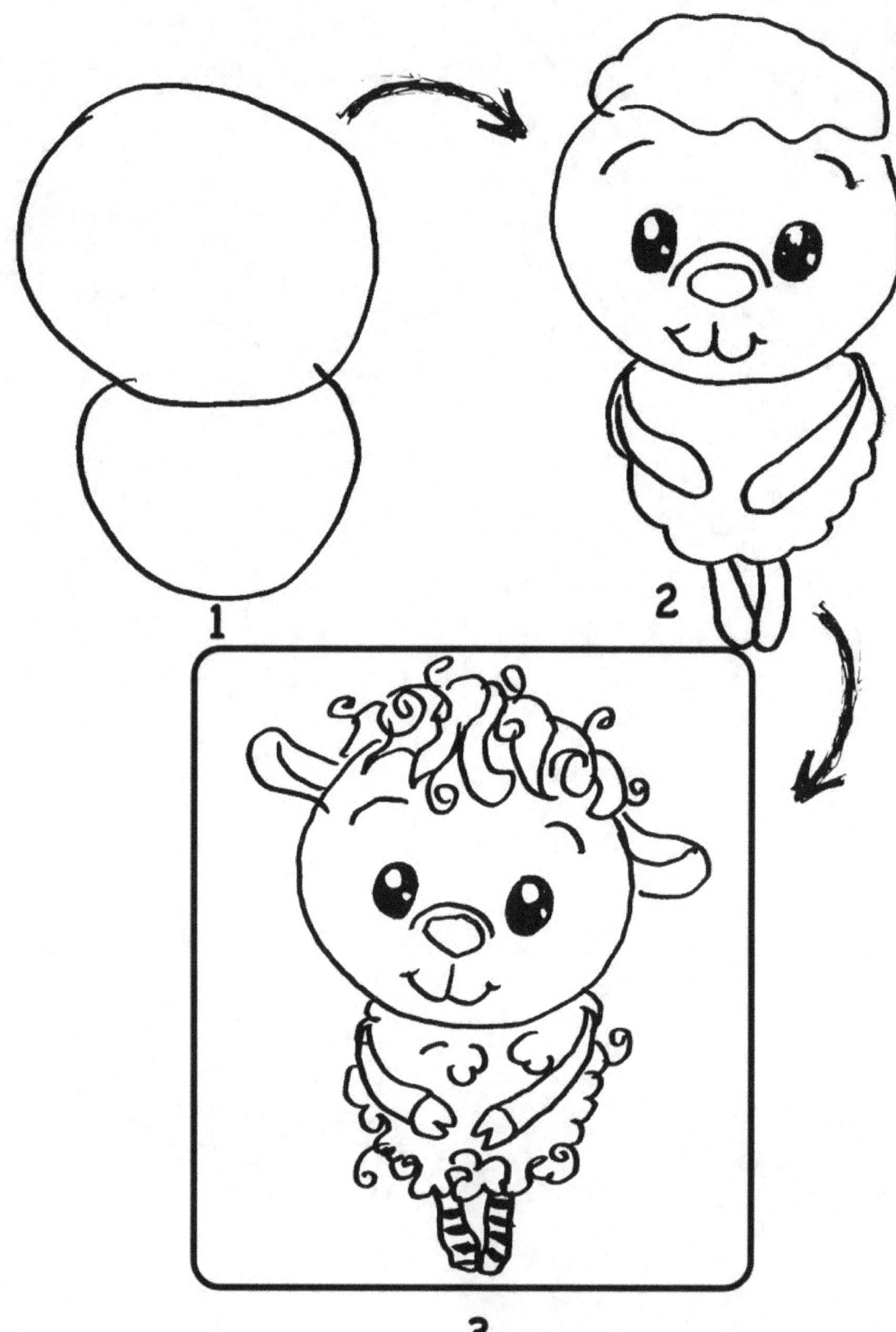

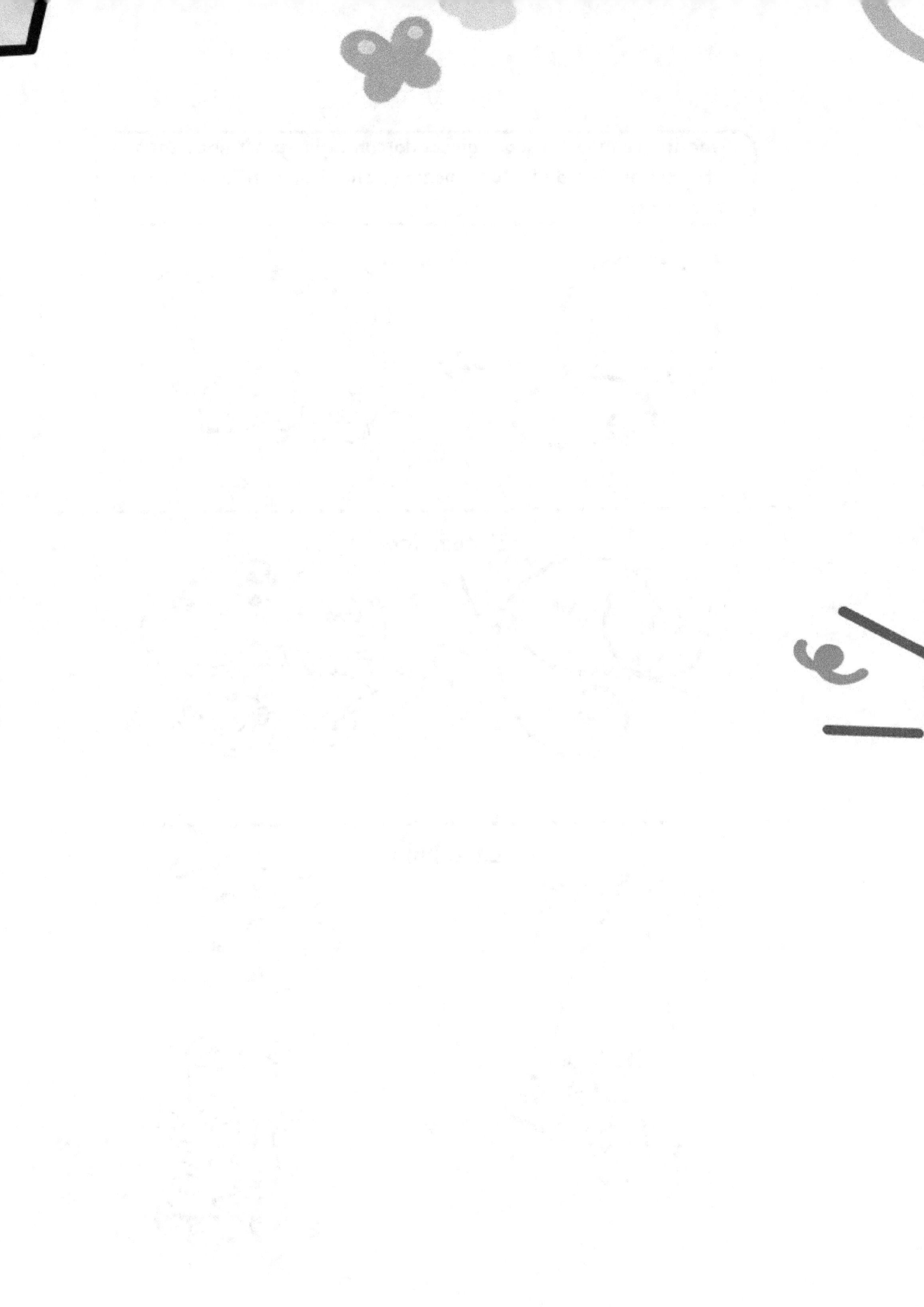

Divertiti creando i disegni giocando con le linee. Le linee sono la traccia grafica delle tue emozioni, più ti diverti, più i disegni saranno belli.

L'elefante

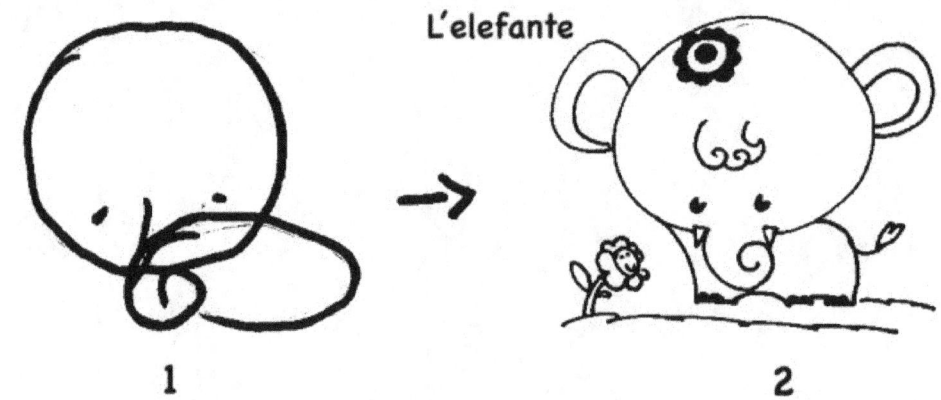

1   2

Il camaleonte

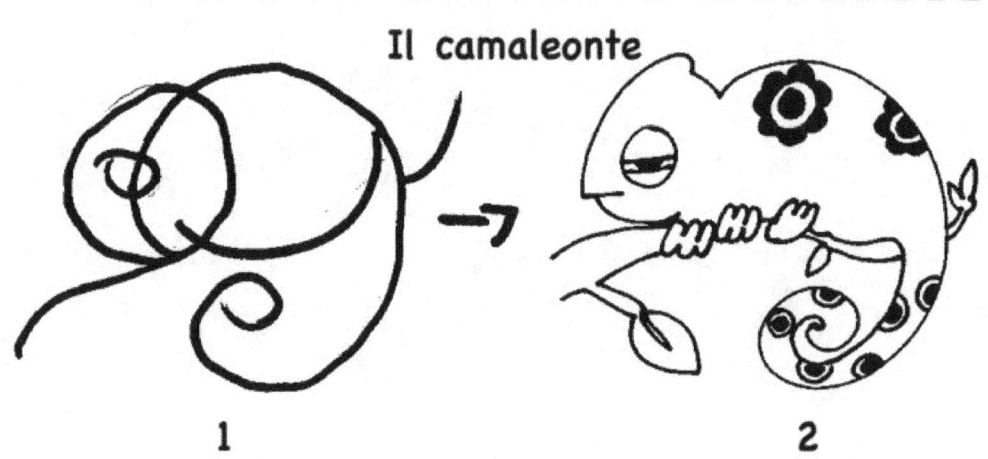

1   2

La seppia

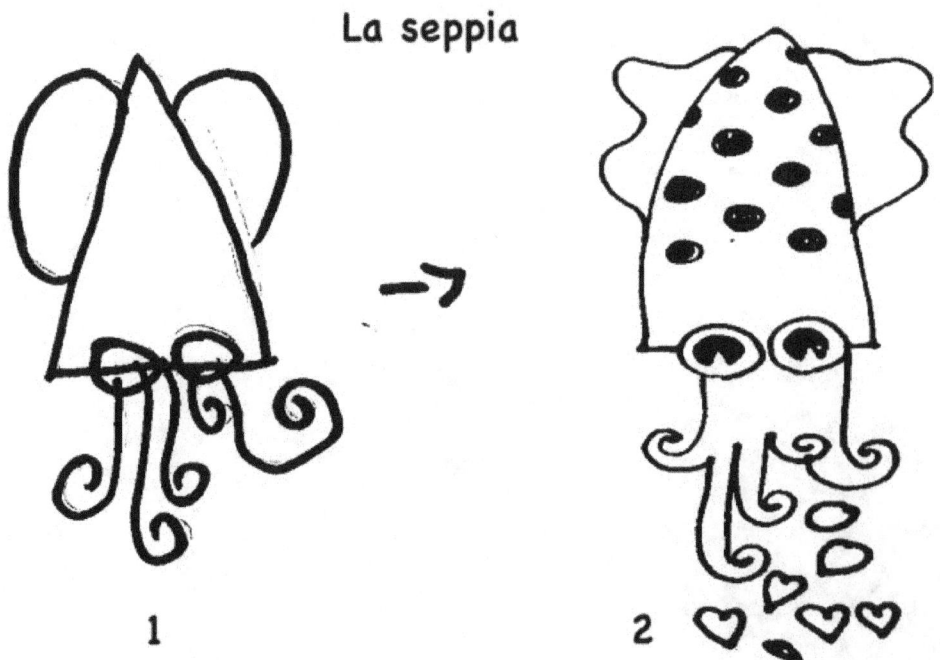

1   2

Per disegnare i contorni puoi usare una normale matita, oppure una qualsiasi matita colorata, mentre per le macchie tigrate, puoi usare un pennarello nero

Il gatto tigrato

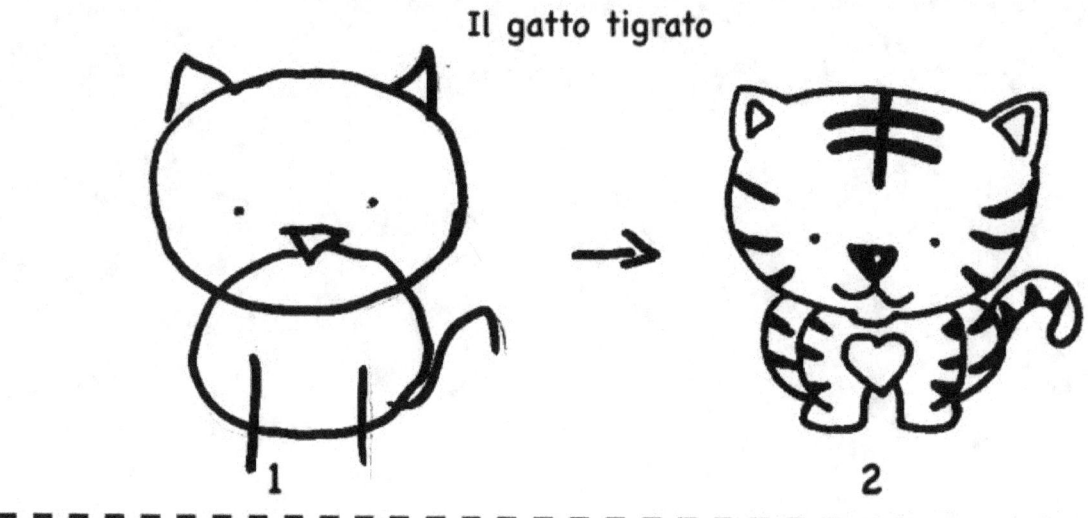

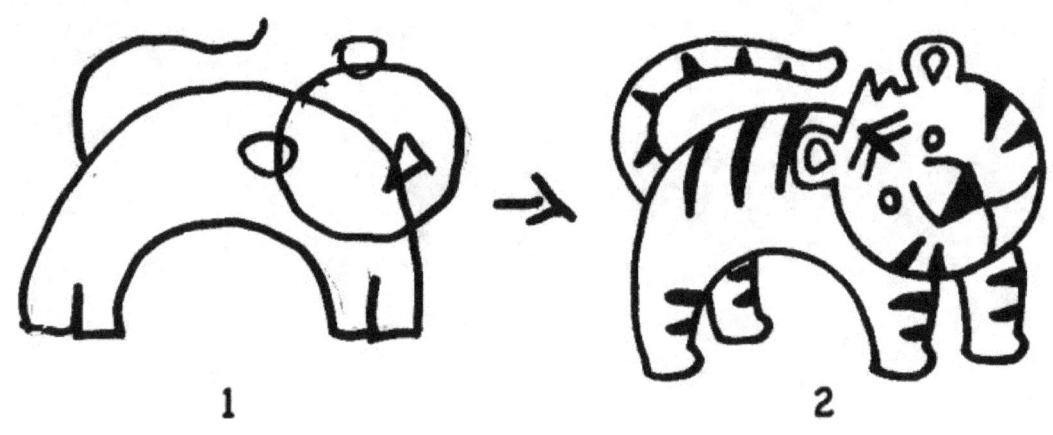

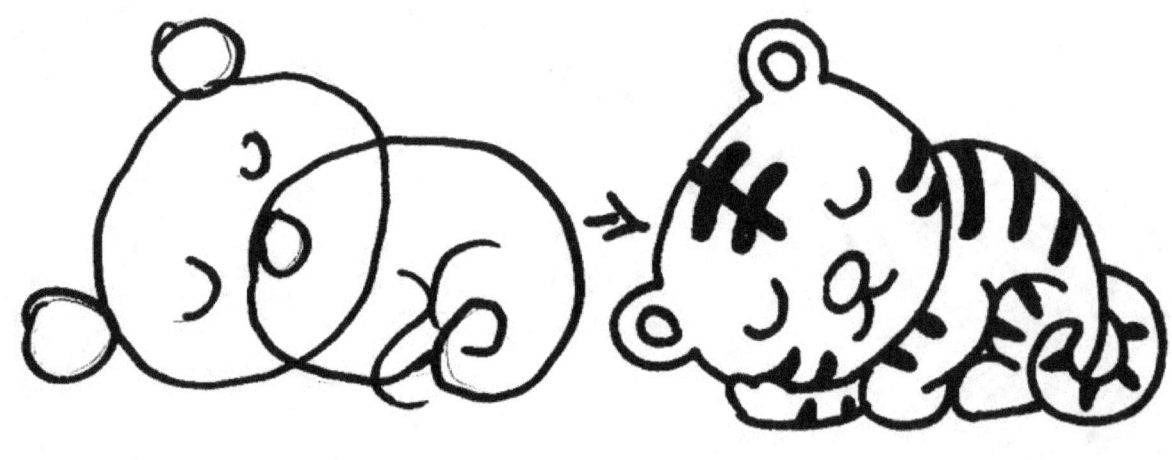

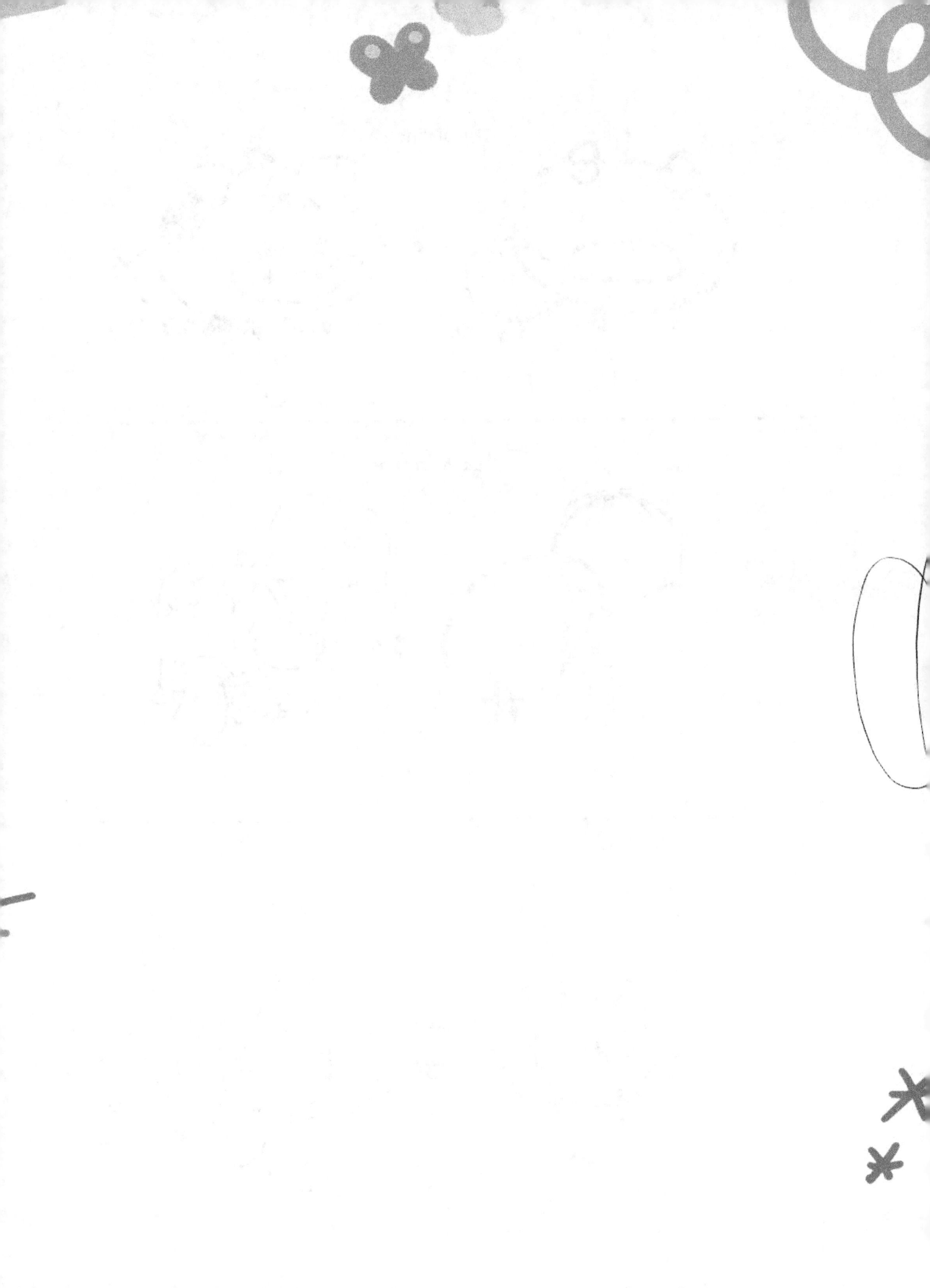

Il maialino

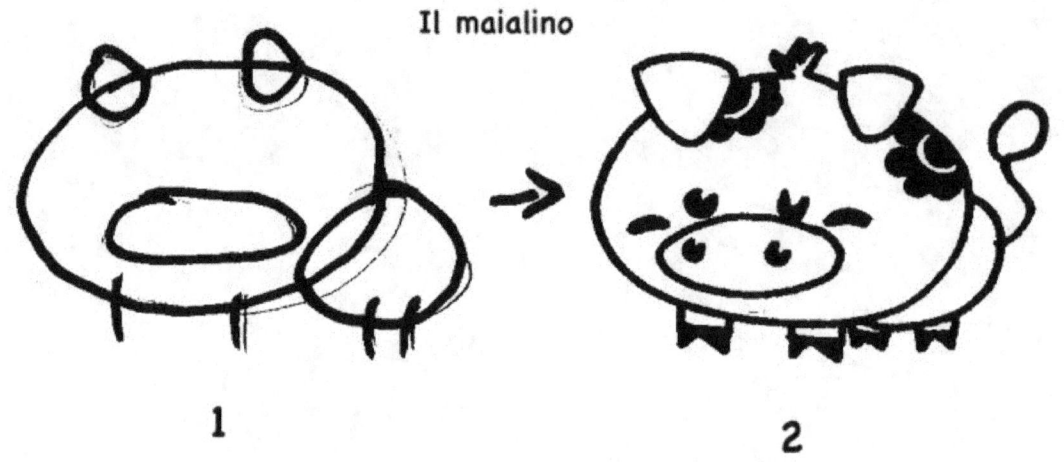

1   2

La tartaruga

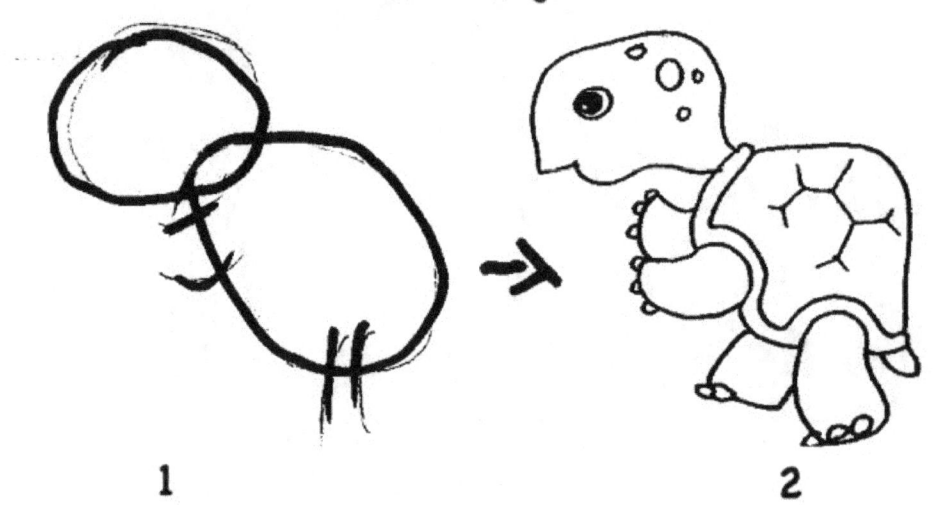

1   2

Il pipistrello

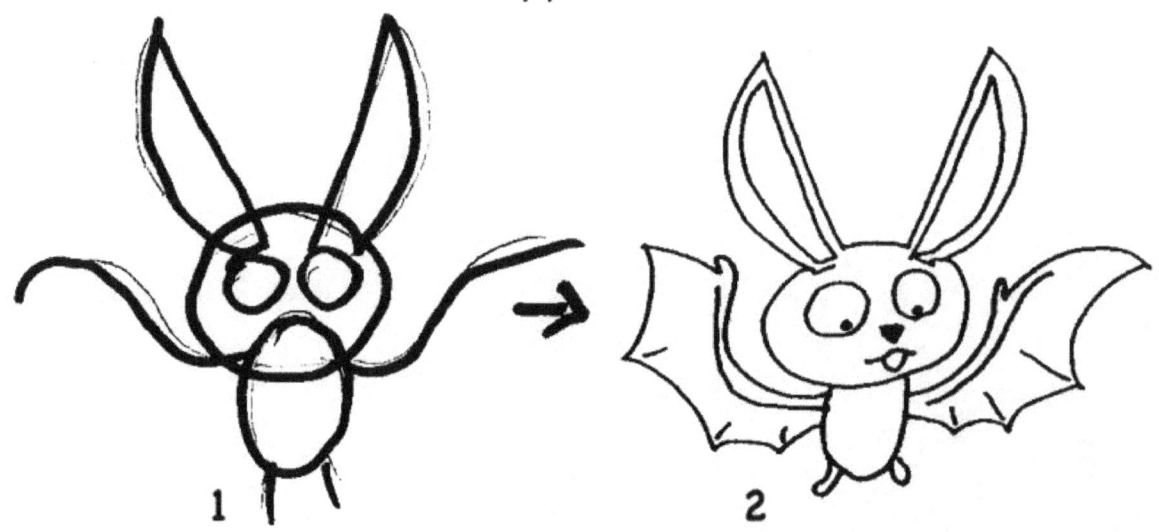

1   2

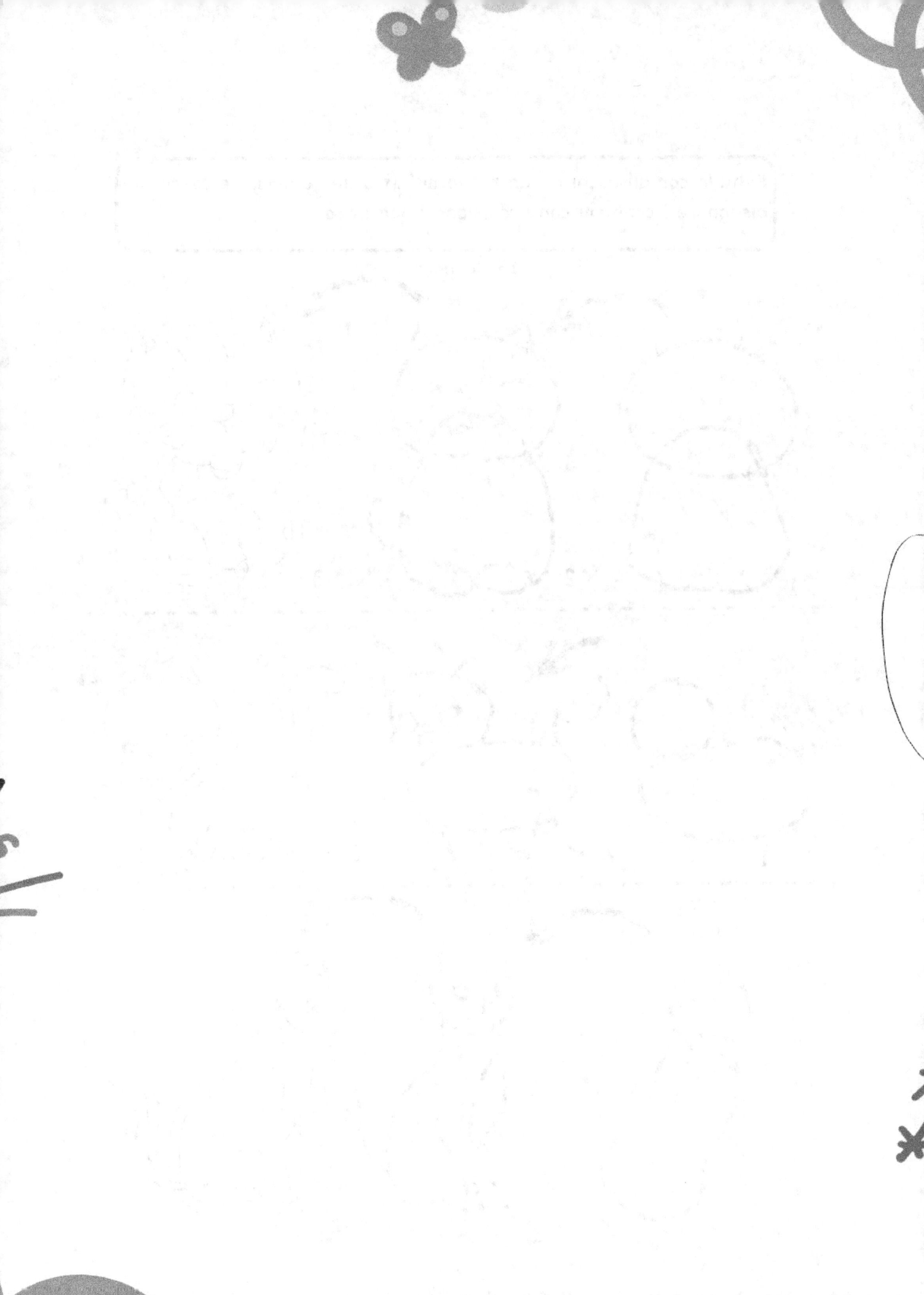

Saltella con gli occhi da un punto all'altro dell'animale e cerca di disegnare i contorni con precisione e lentezza.

I dolci gattini

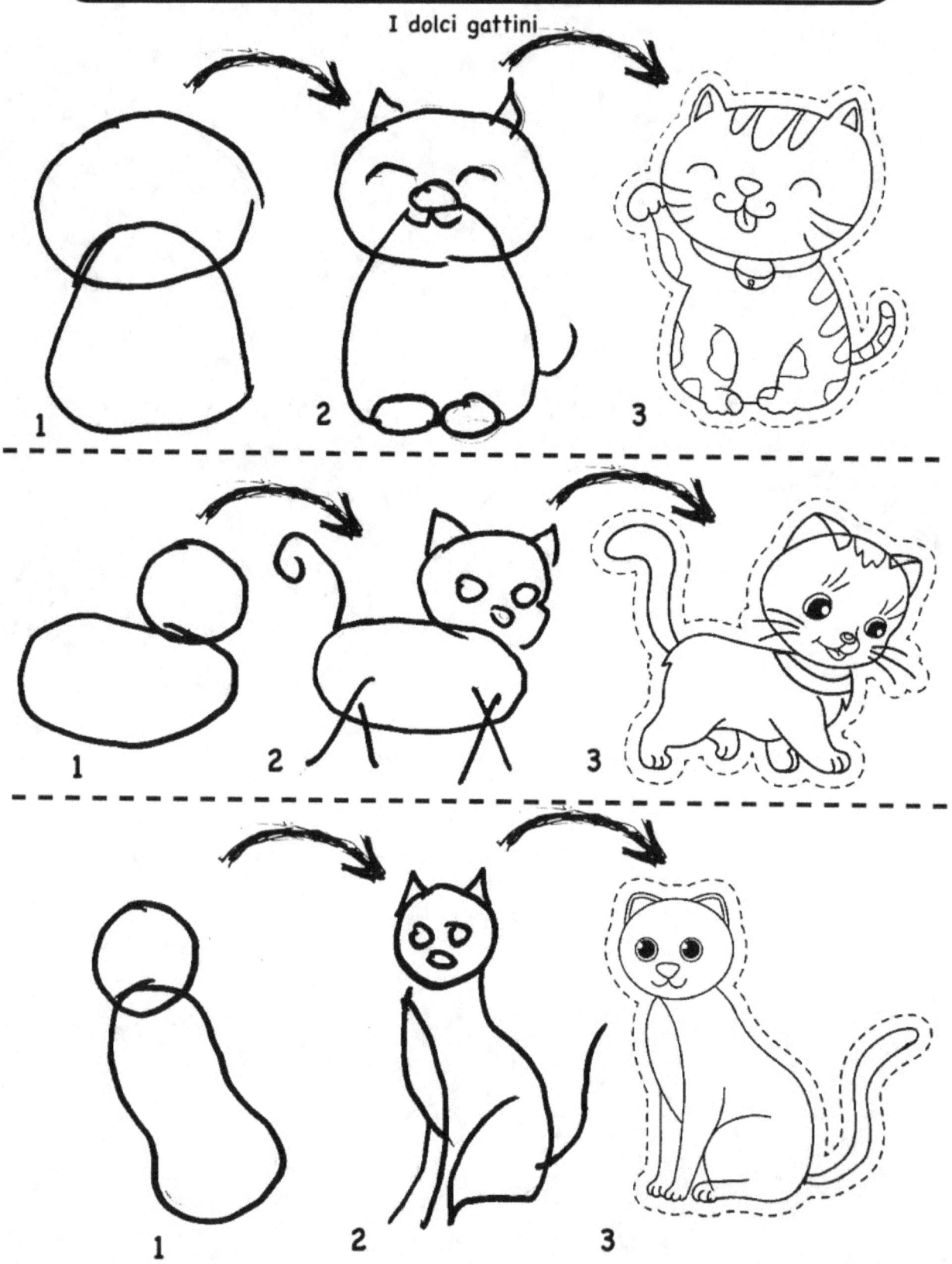

Ricordati che ogni disegno puoi colorarlo come preferisci, puoi usare le matite colorate o i pennarelli, guarda i due esempi dell'immagine (4) e in basso (3).

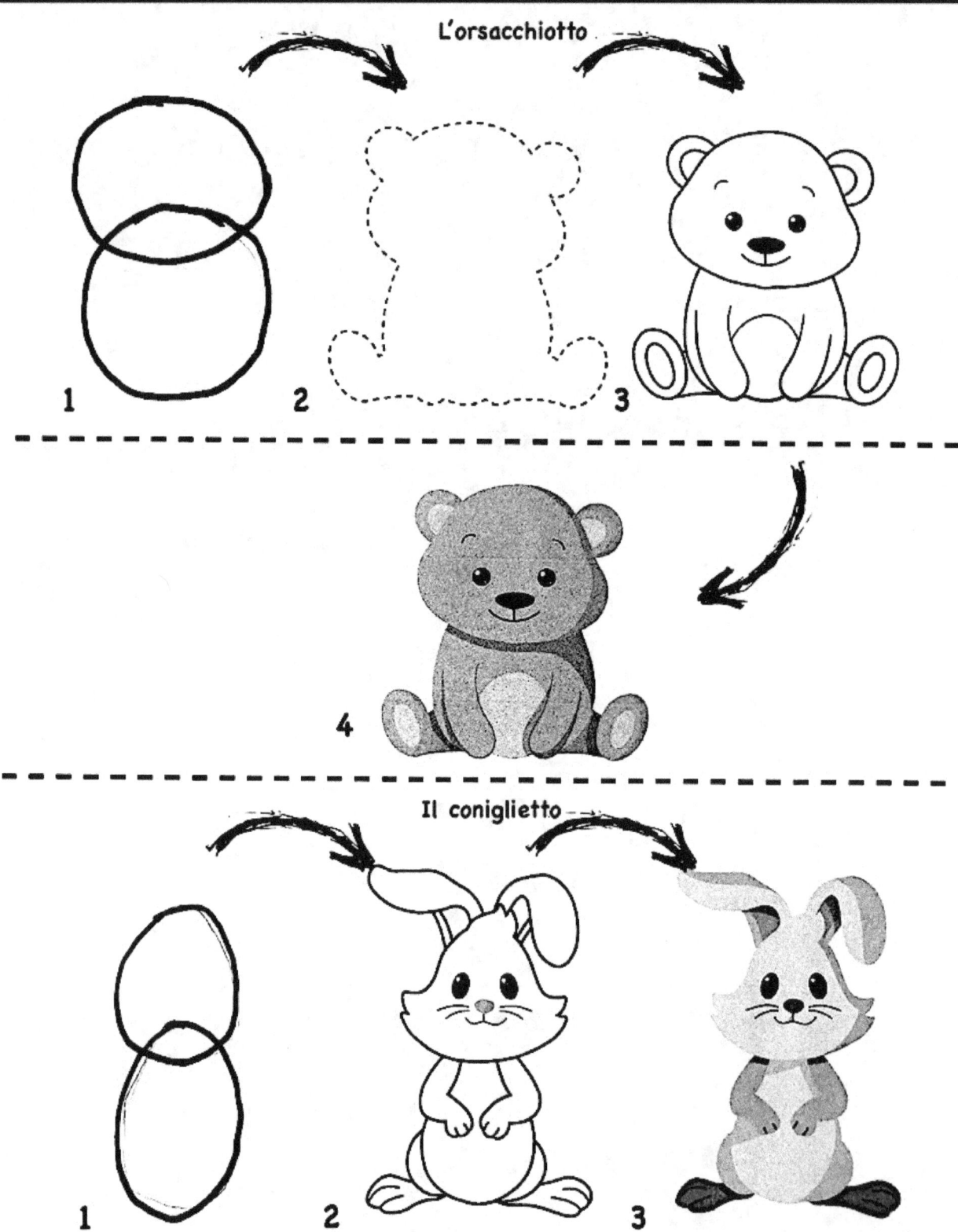

L'orsacchiotto

Il coniglietto

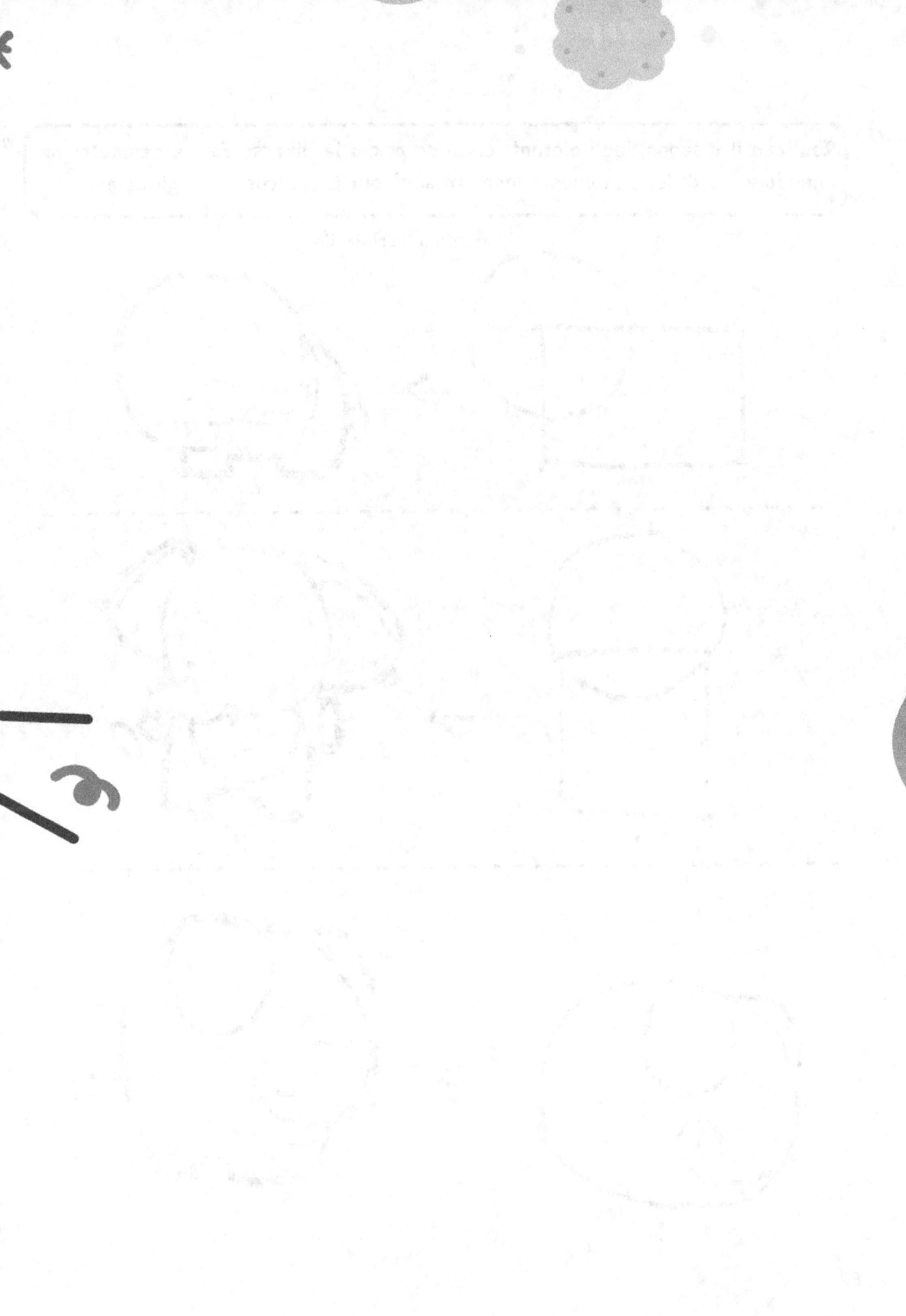

Realizza il disegno degli elefanti creando prima le diverse forme geometriche unendole fra di loro, in questa maniera sarà più facile costruire gli animali.

L'elefantino cicciottello

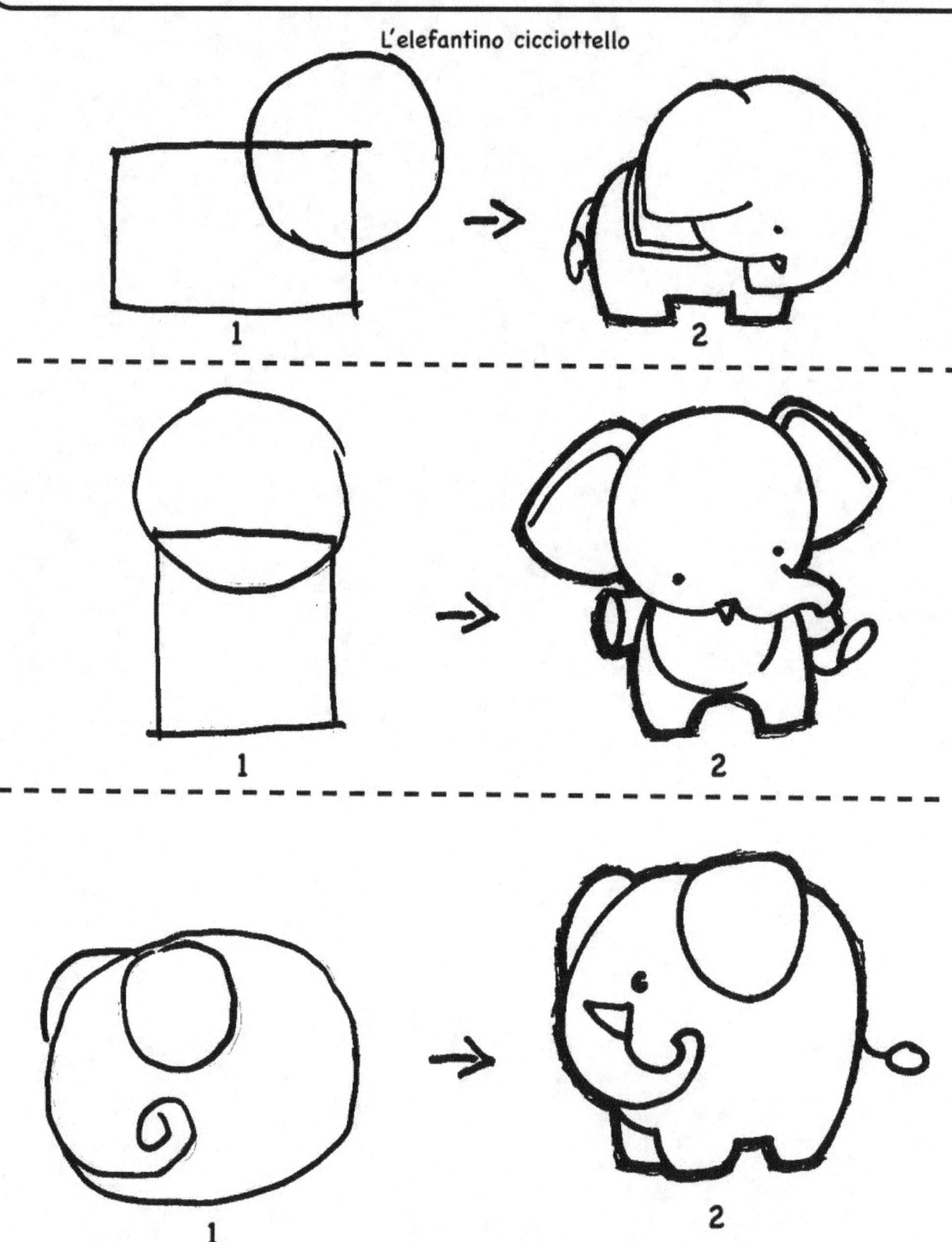

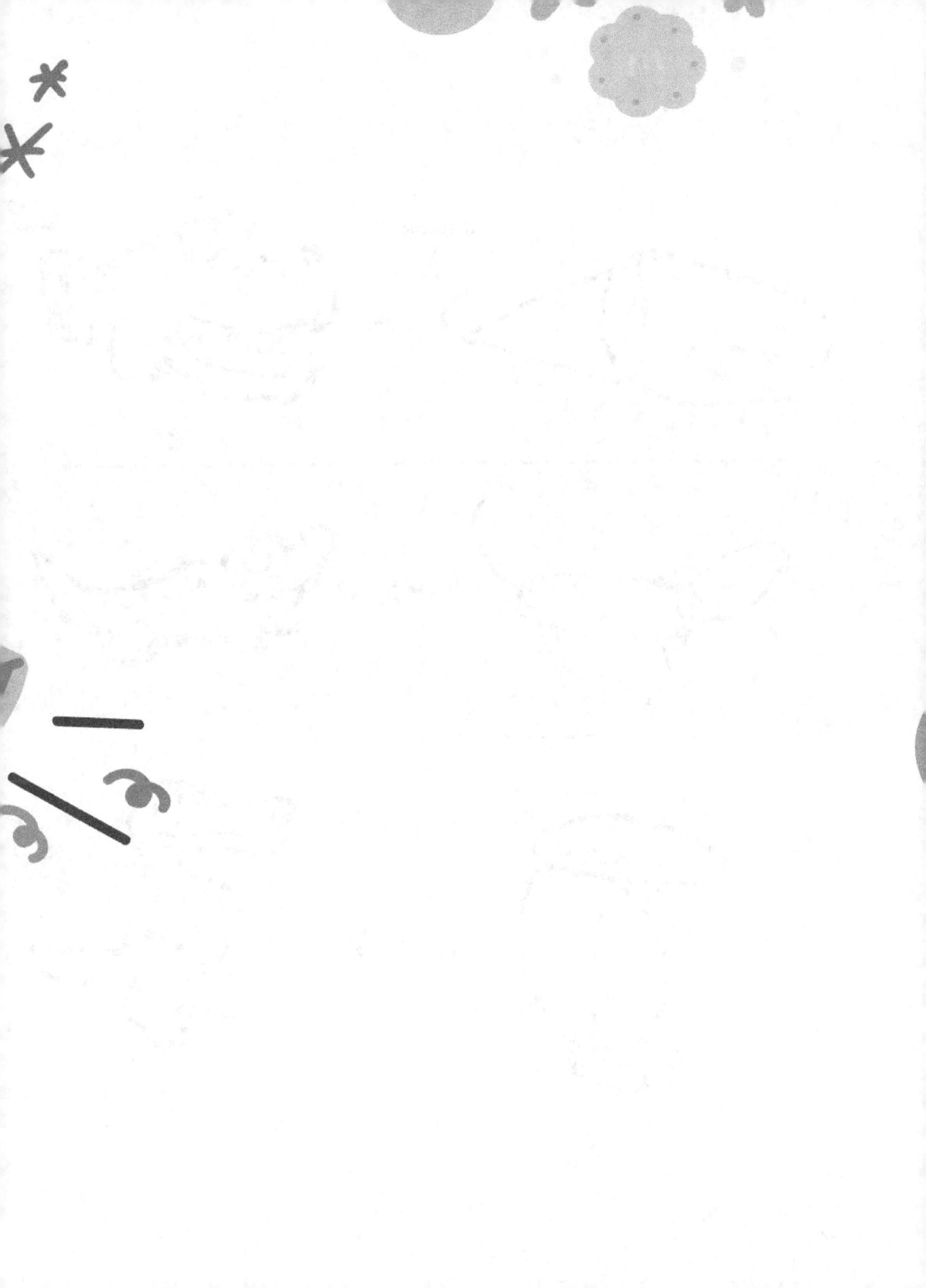

Il coccodrillo

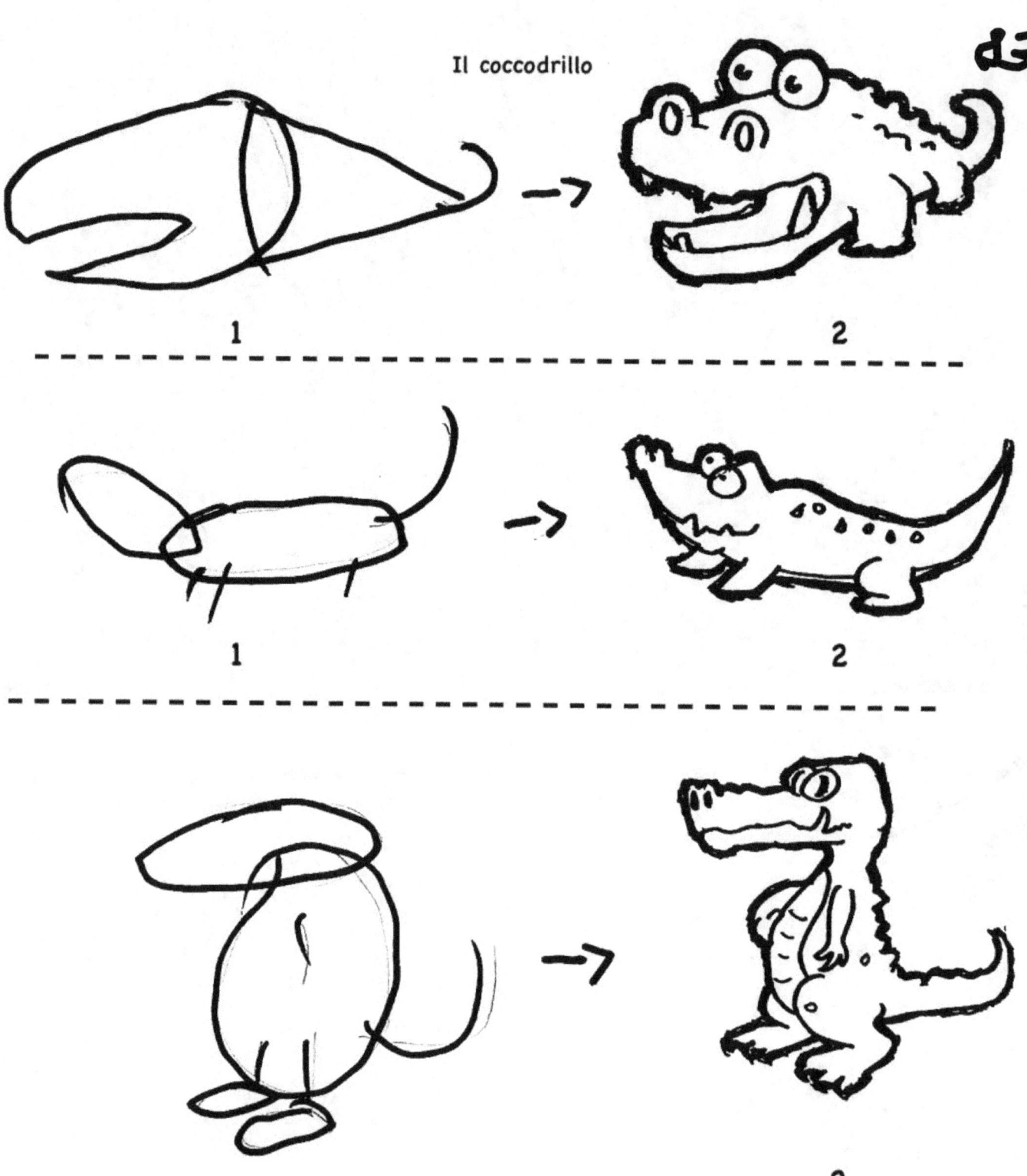

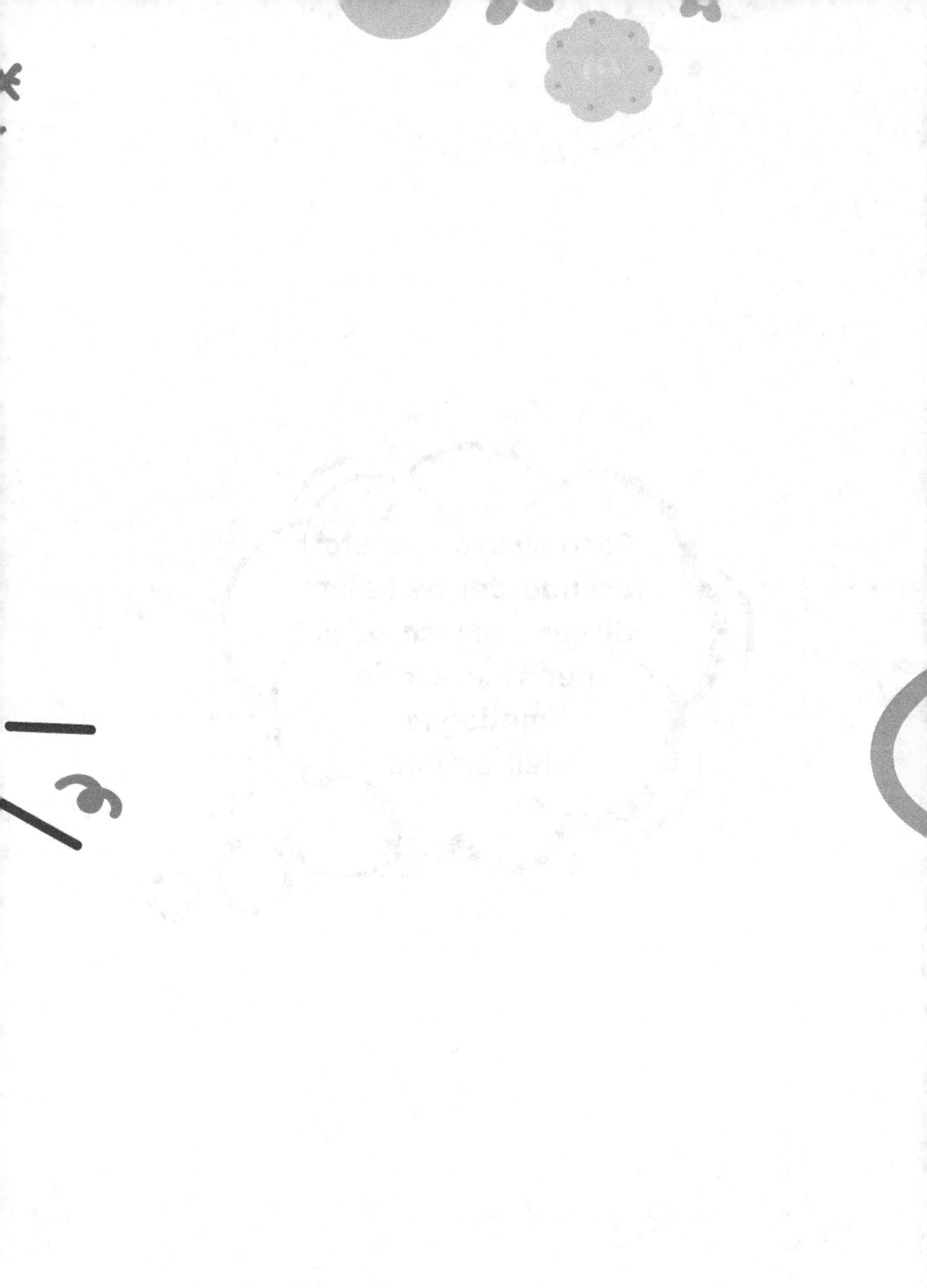

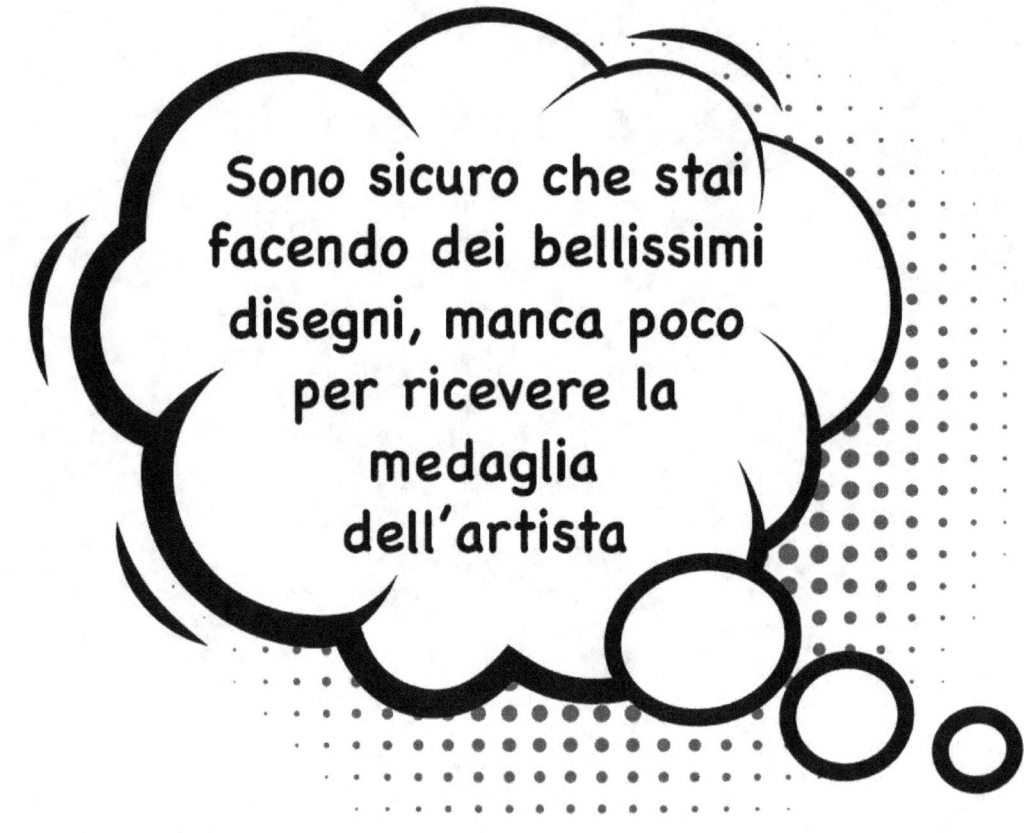

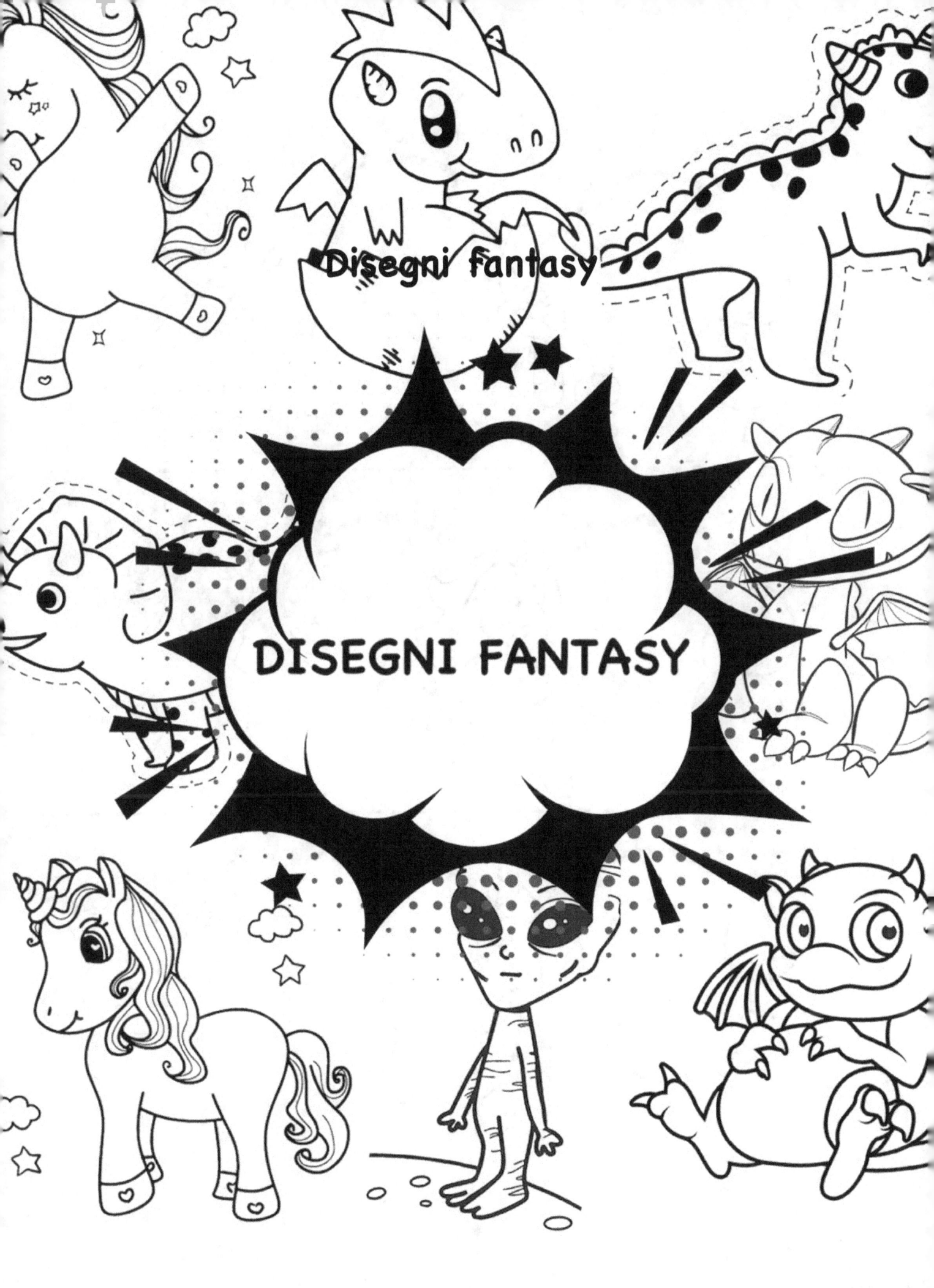

L'unicorno

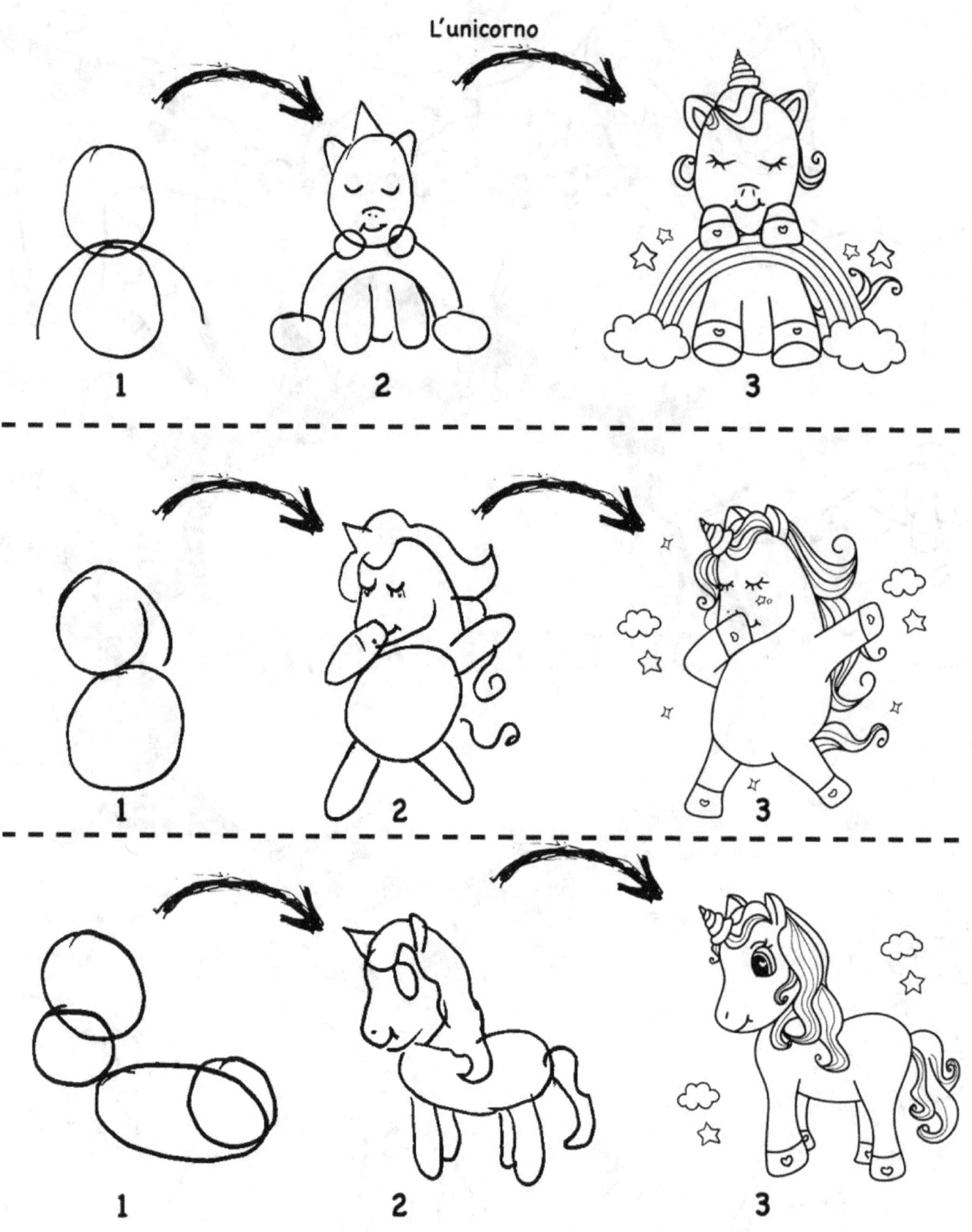

Il drago

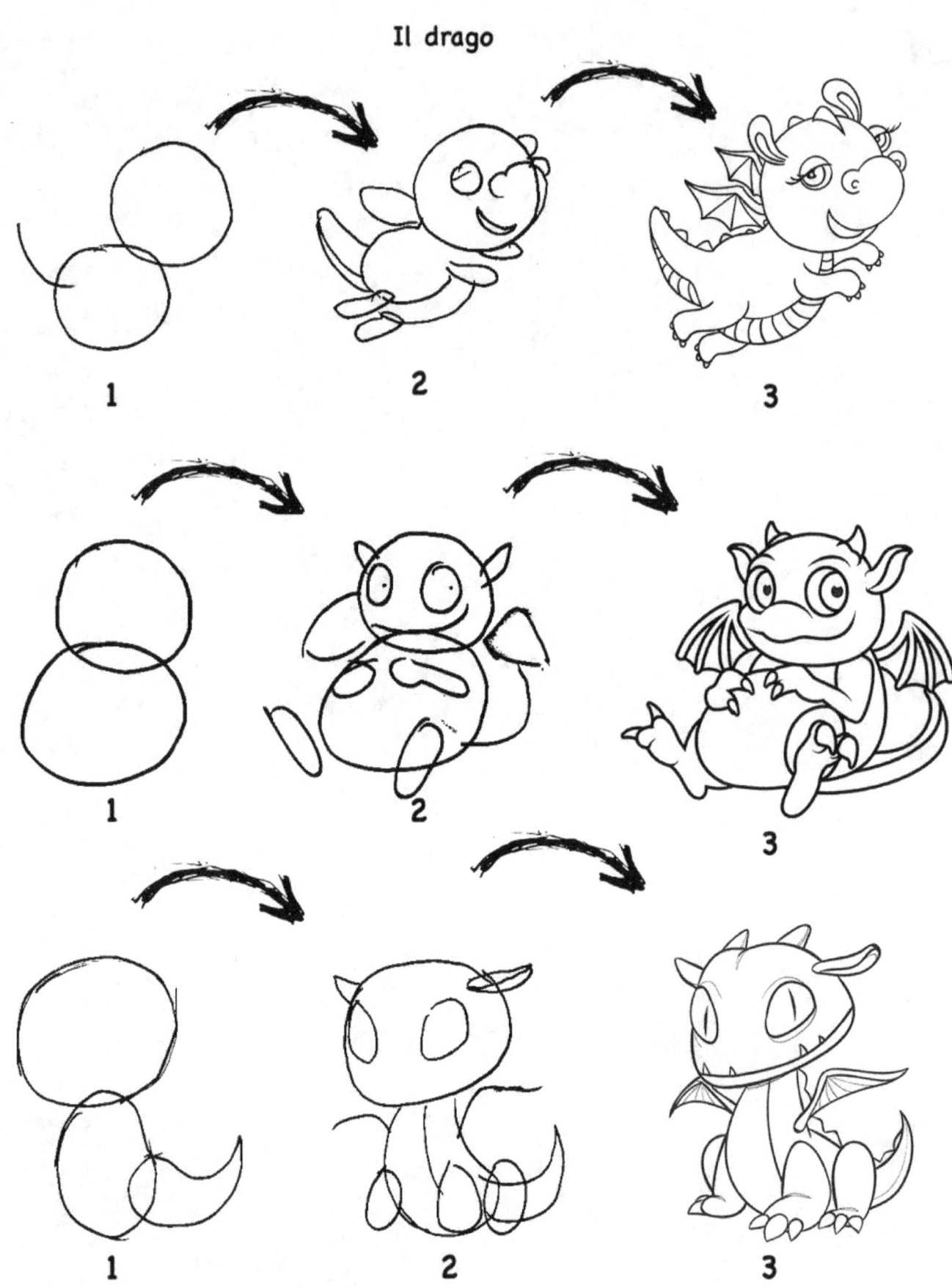

I dinosauri giganti

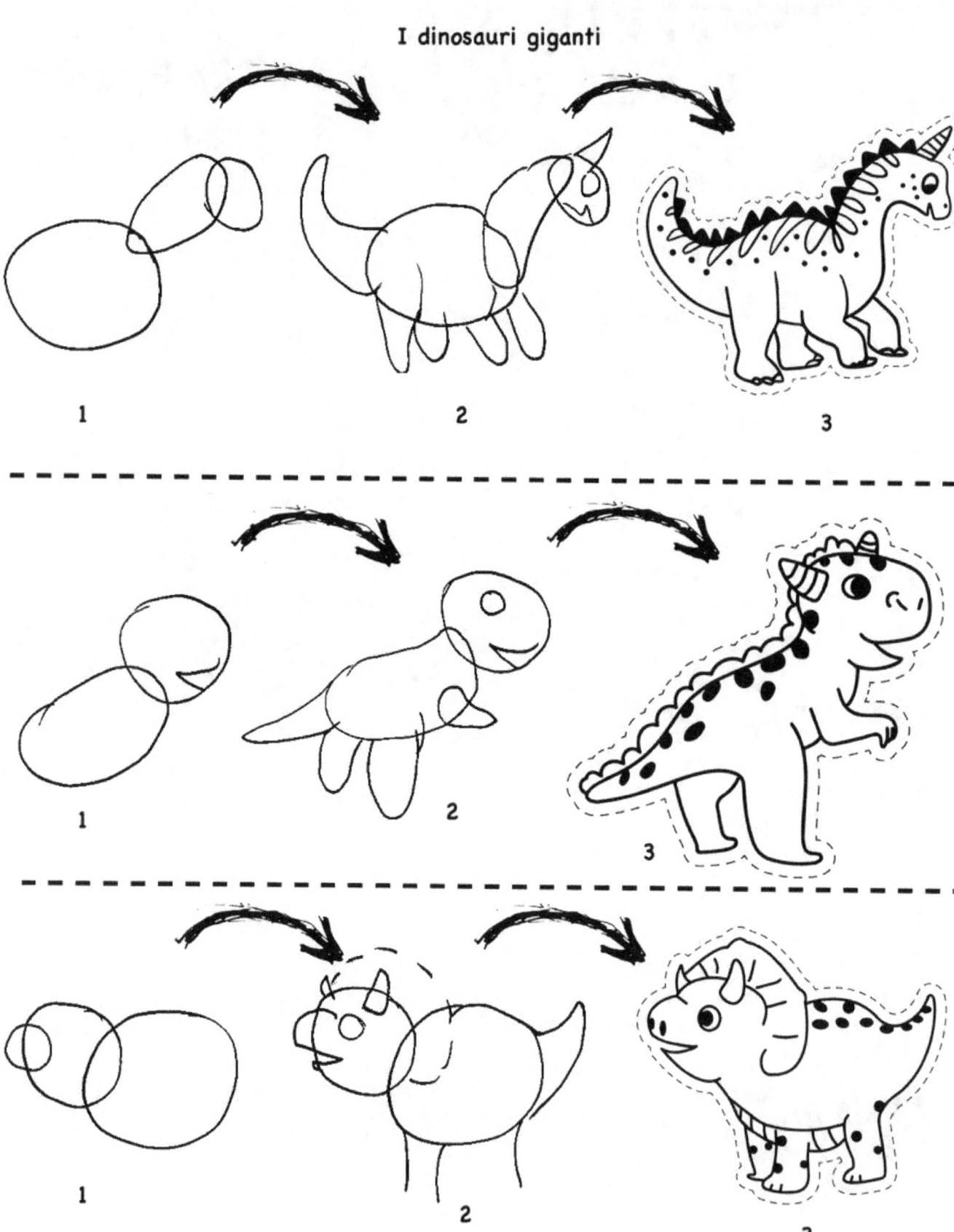

L'unicorno

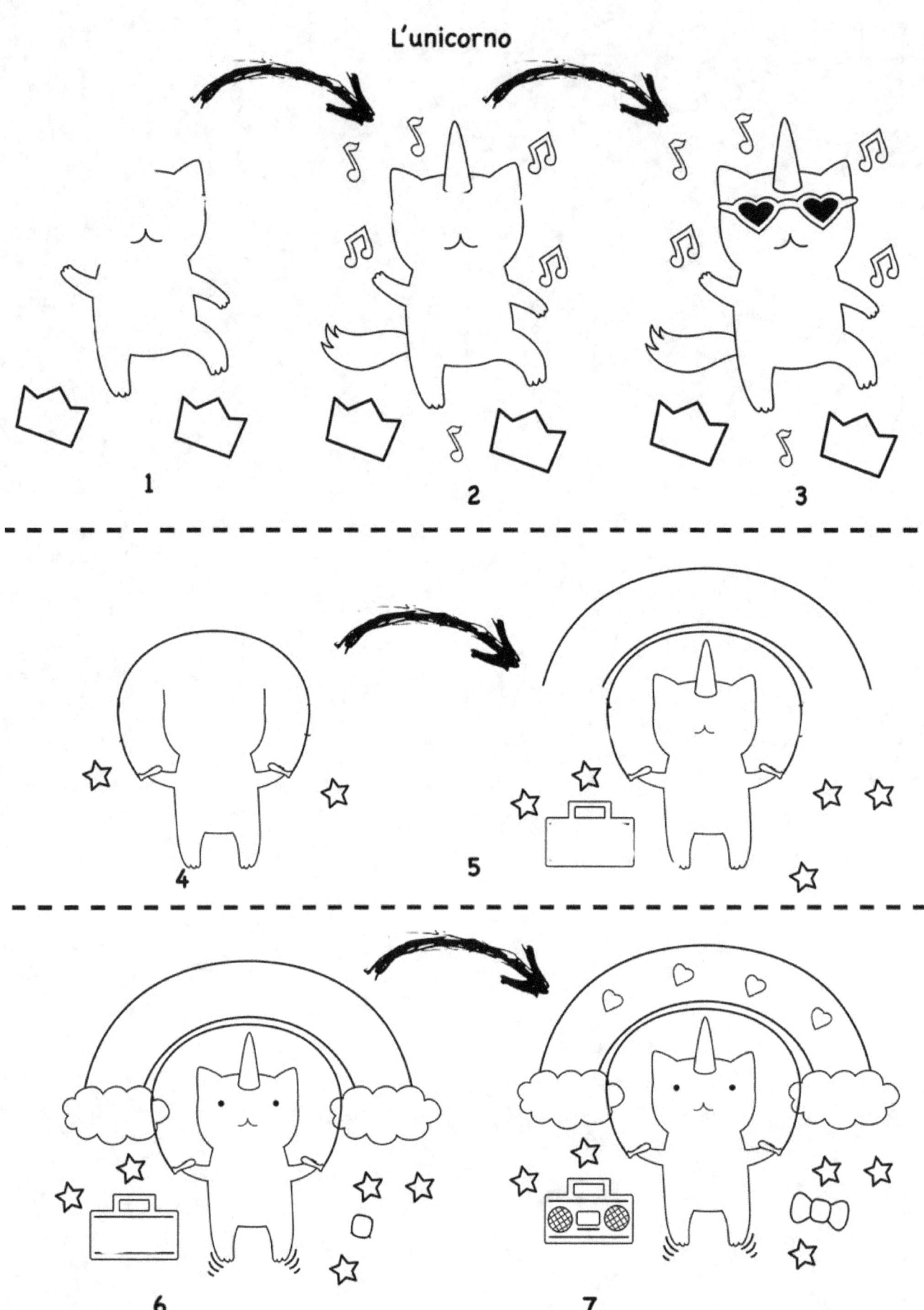

La gattina unicorno

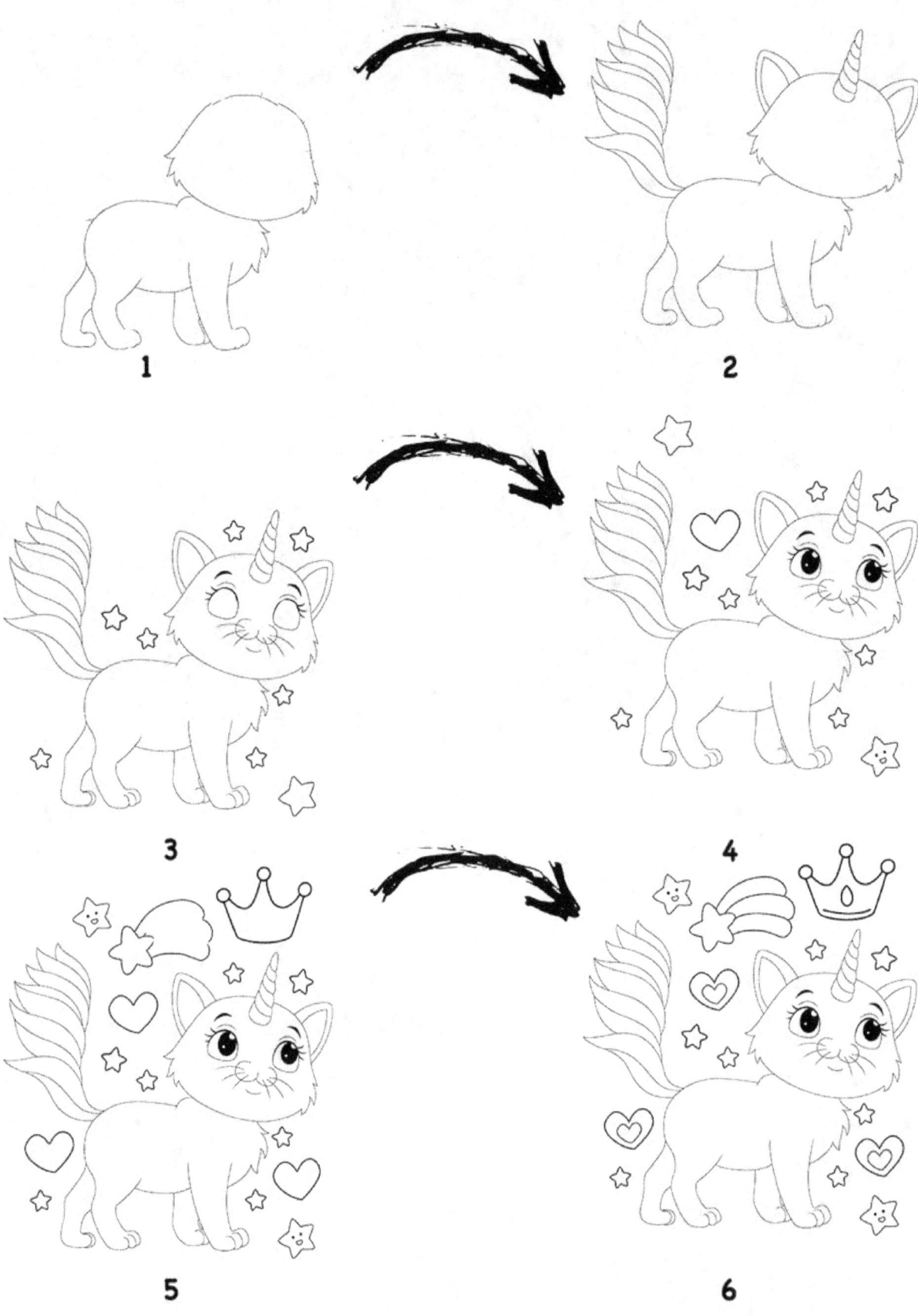

Il drago

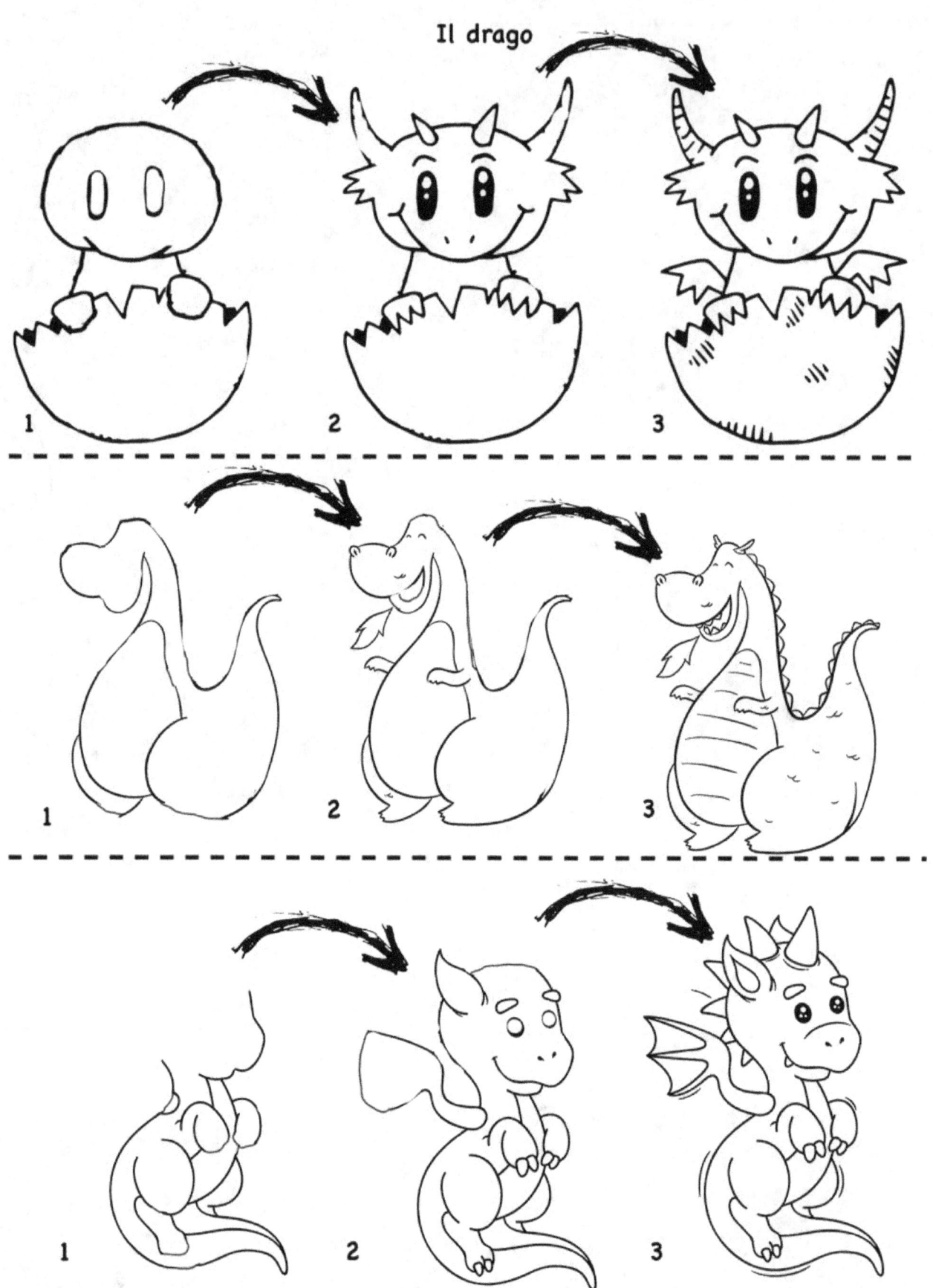

Ti faccio i miei complimenti, hai compiuto passi da gigante realizzando tantissimi disegni. Adesso divertiti disegnando diversi bambini come te.

Puoi colorare tutti i disegni che preferisci.

Inizia

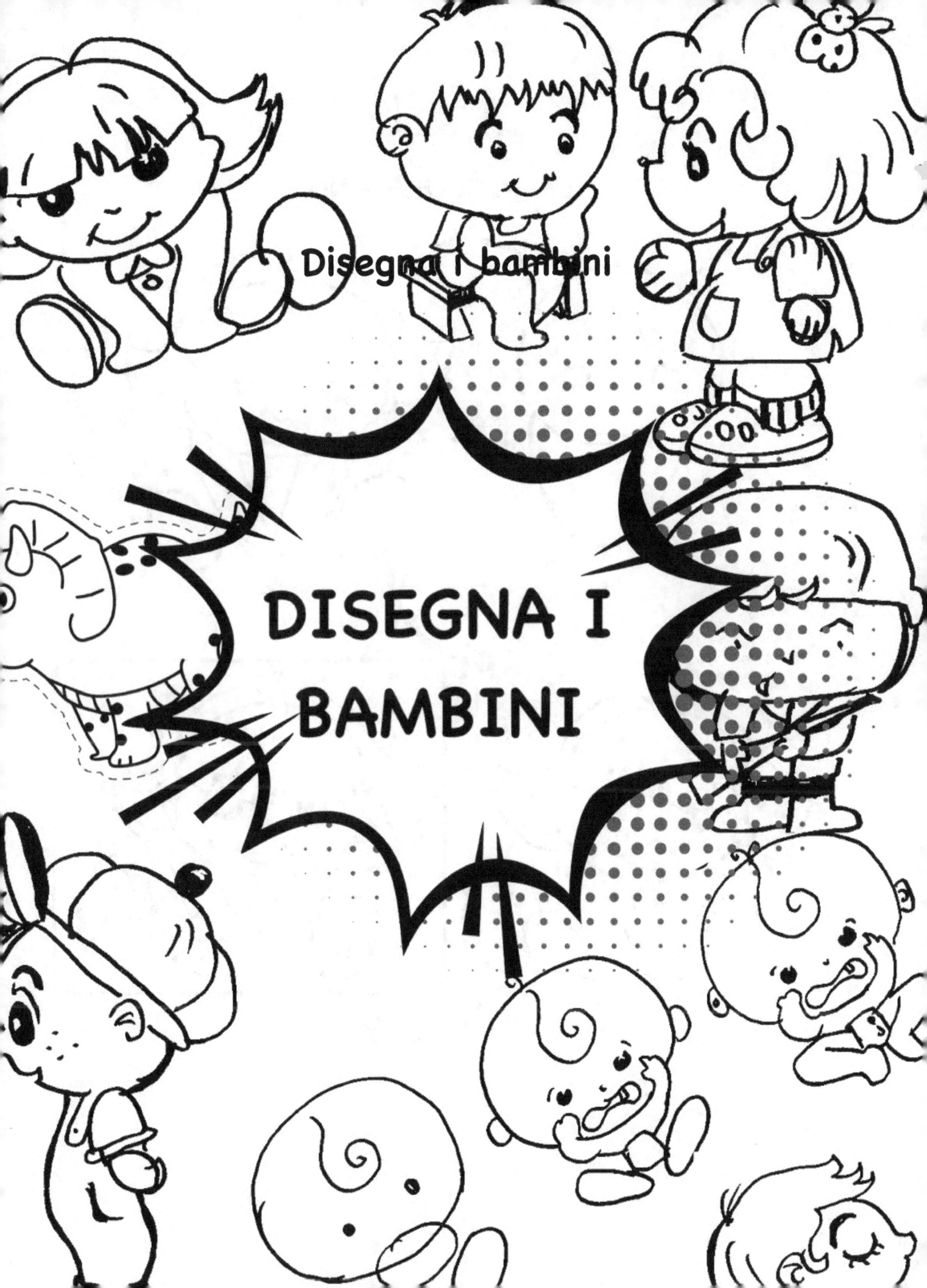

LA PICCOLA ANNA

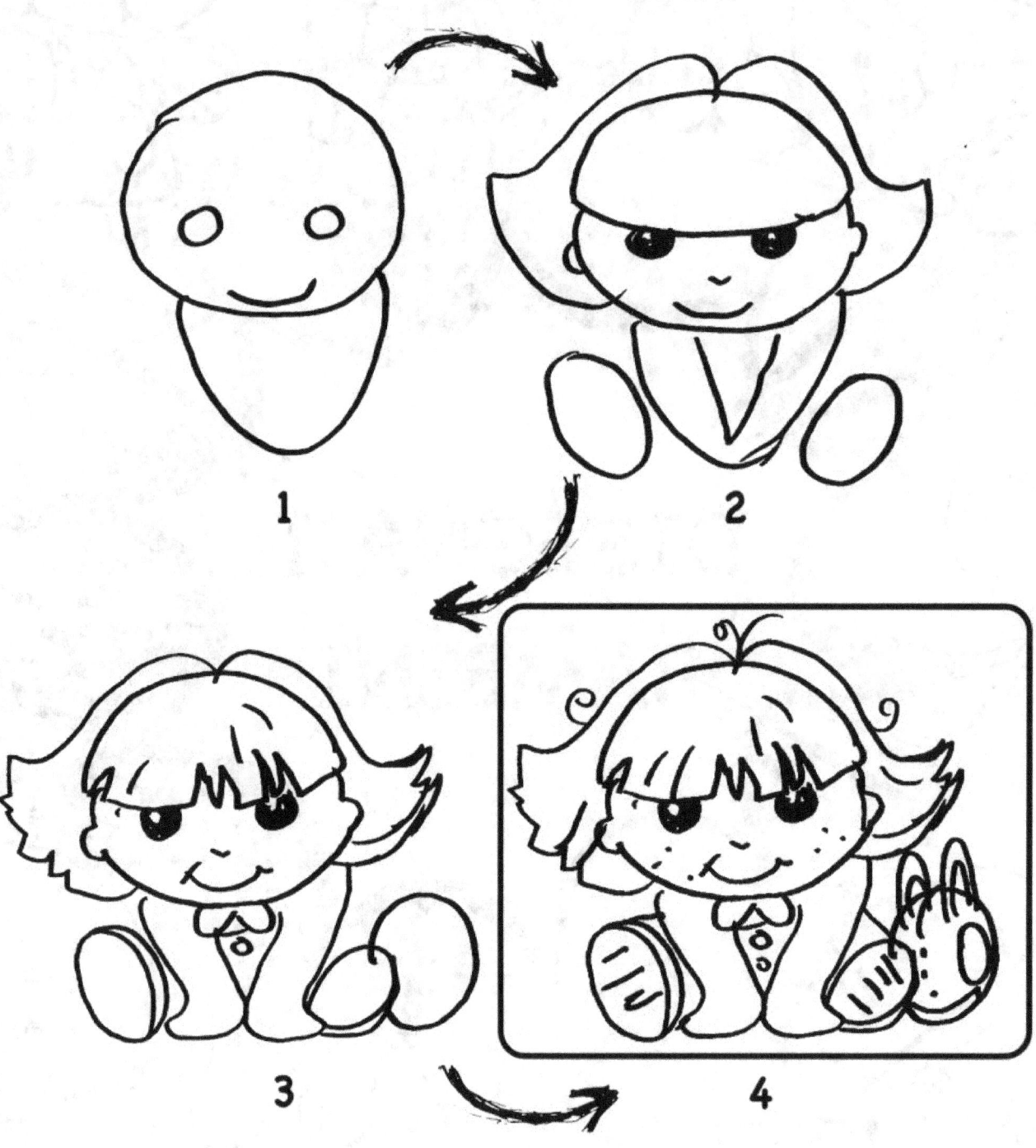

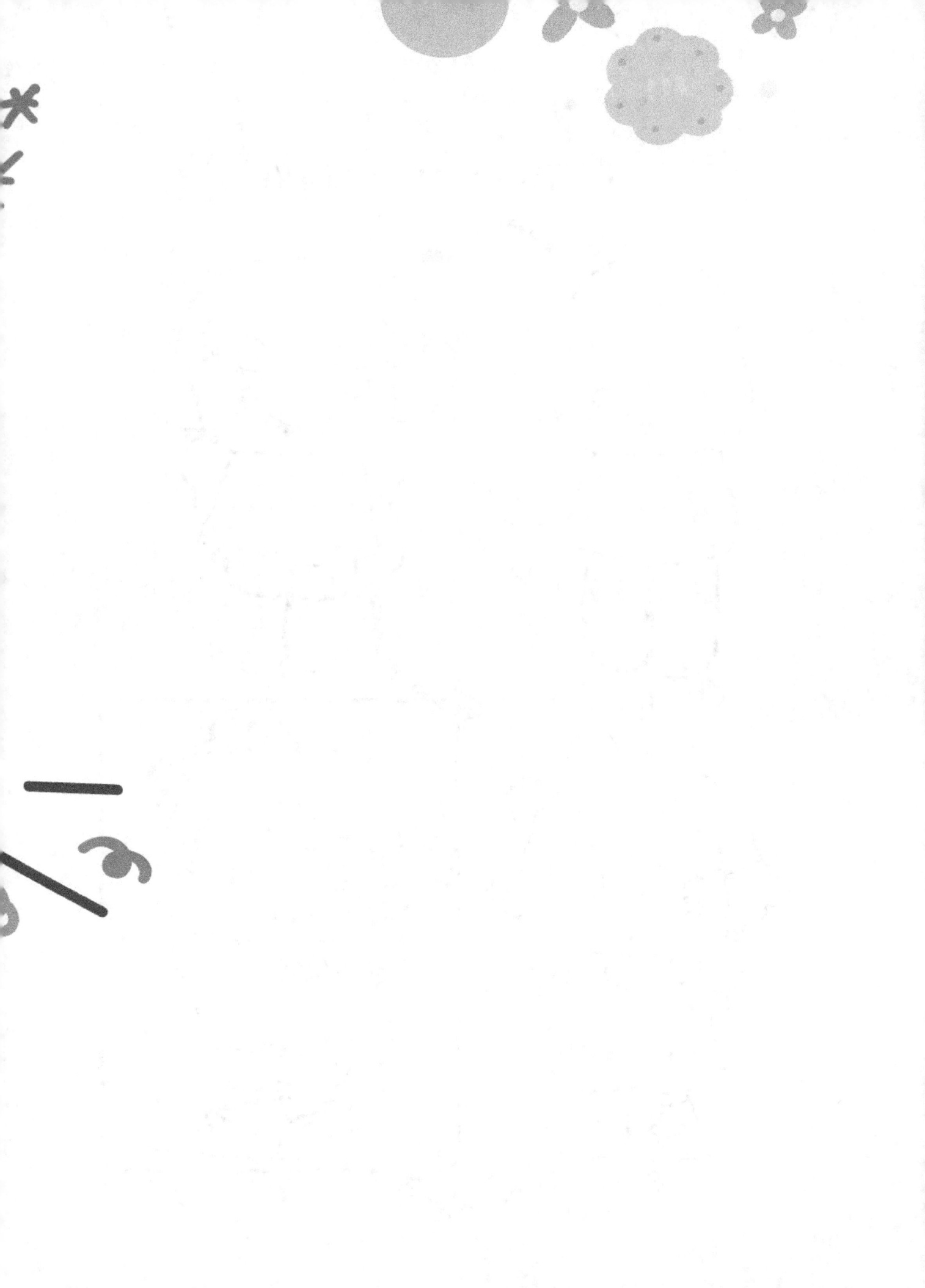

LA TUA AMICA ANNA

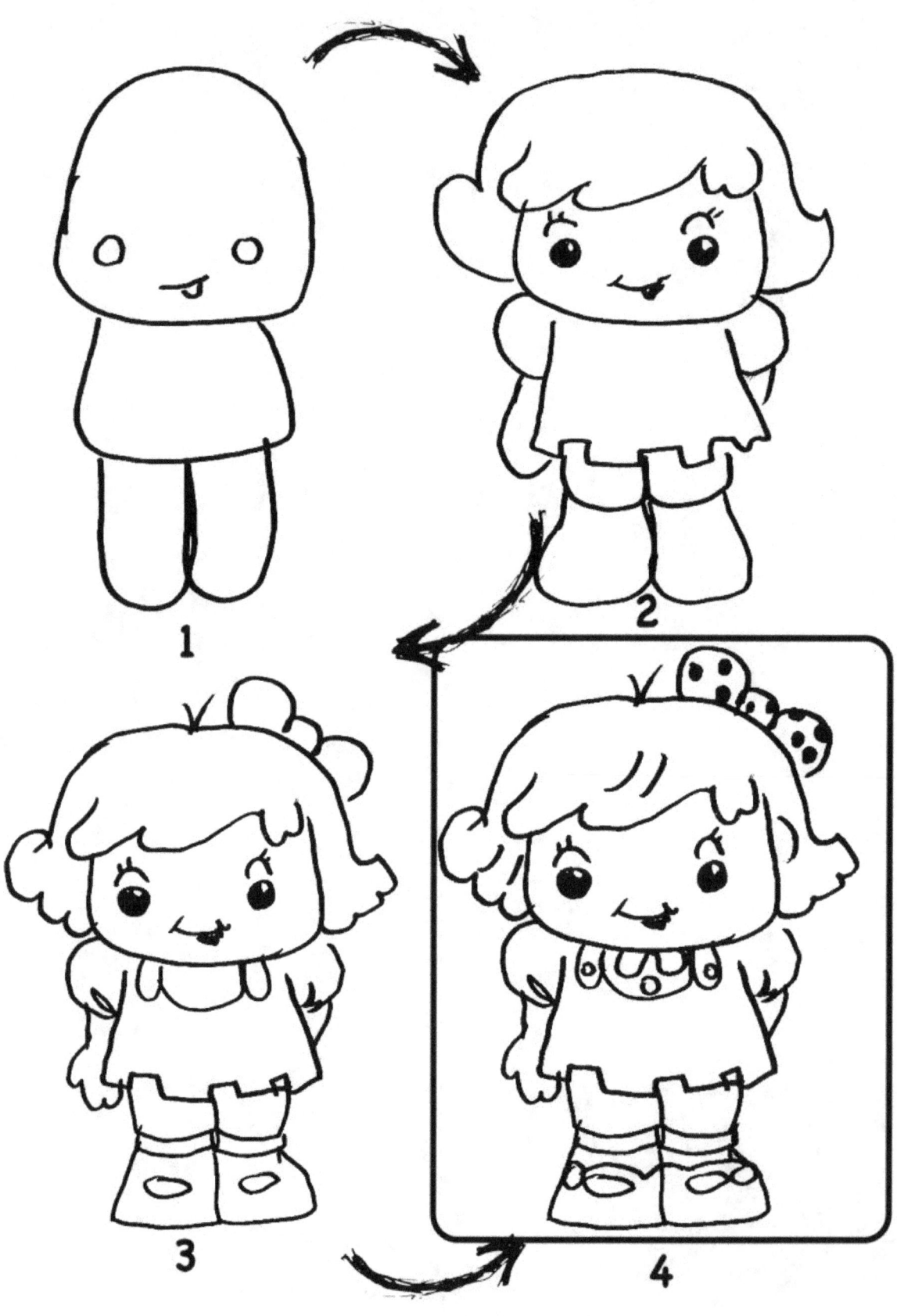

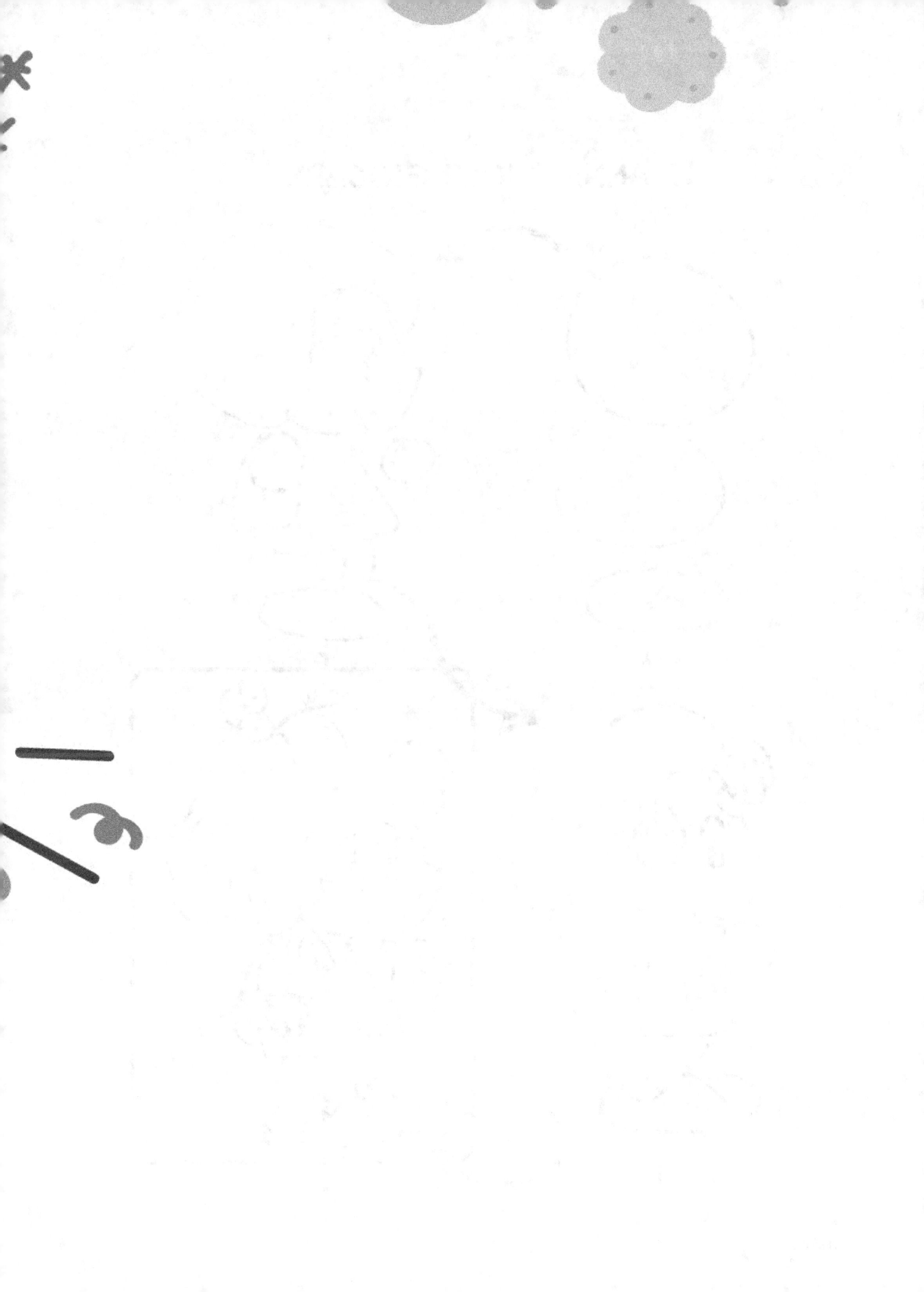

ANNA VUOLE GIOCARE

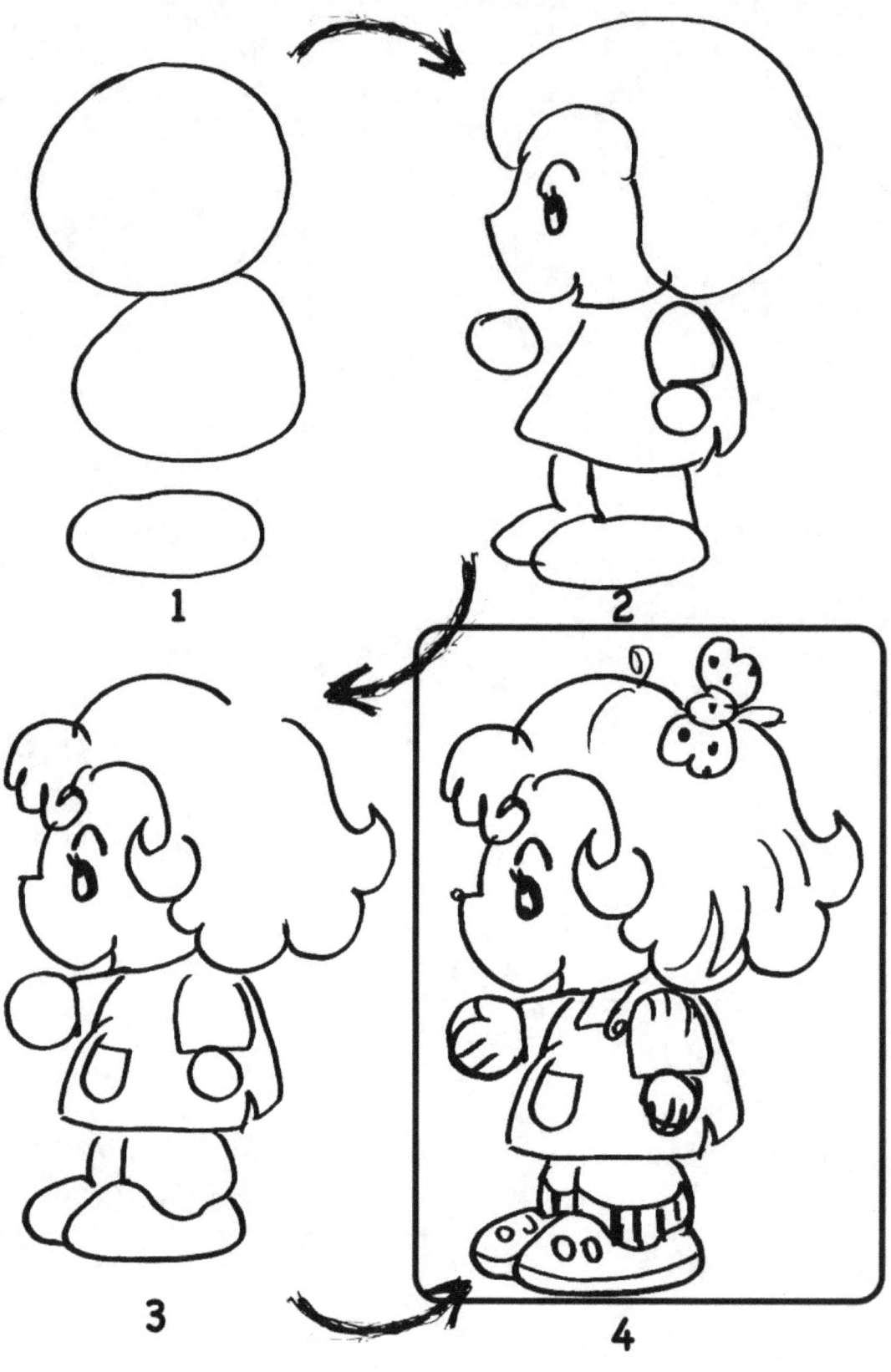

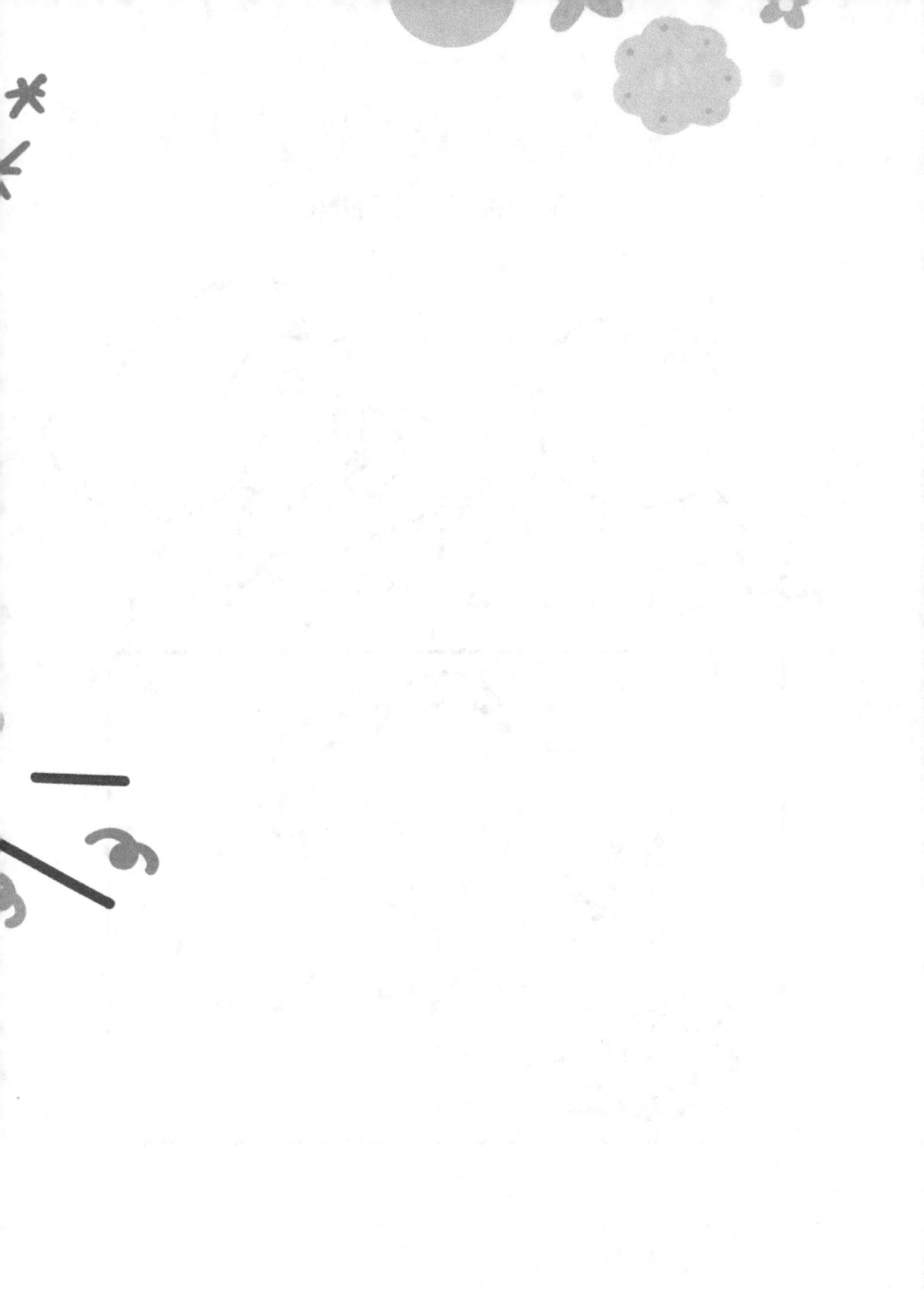

ANNA HA SONNO

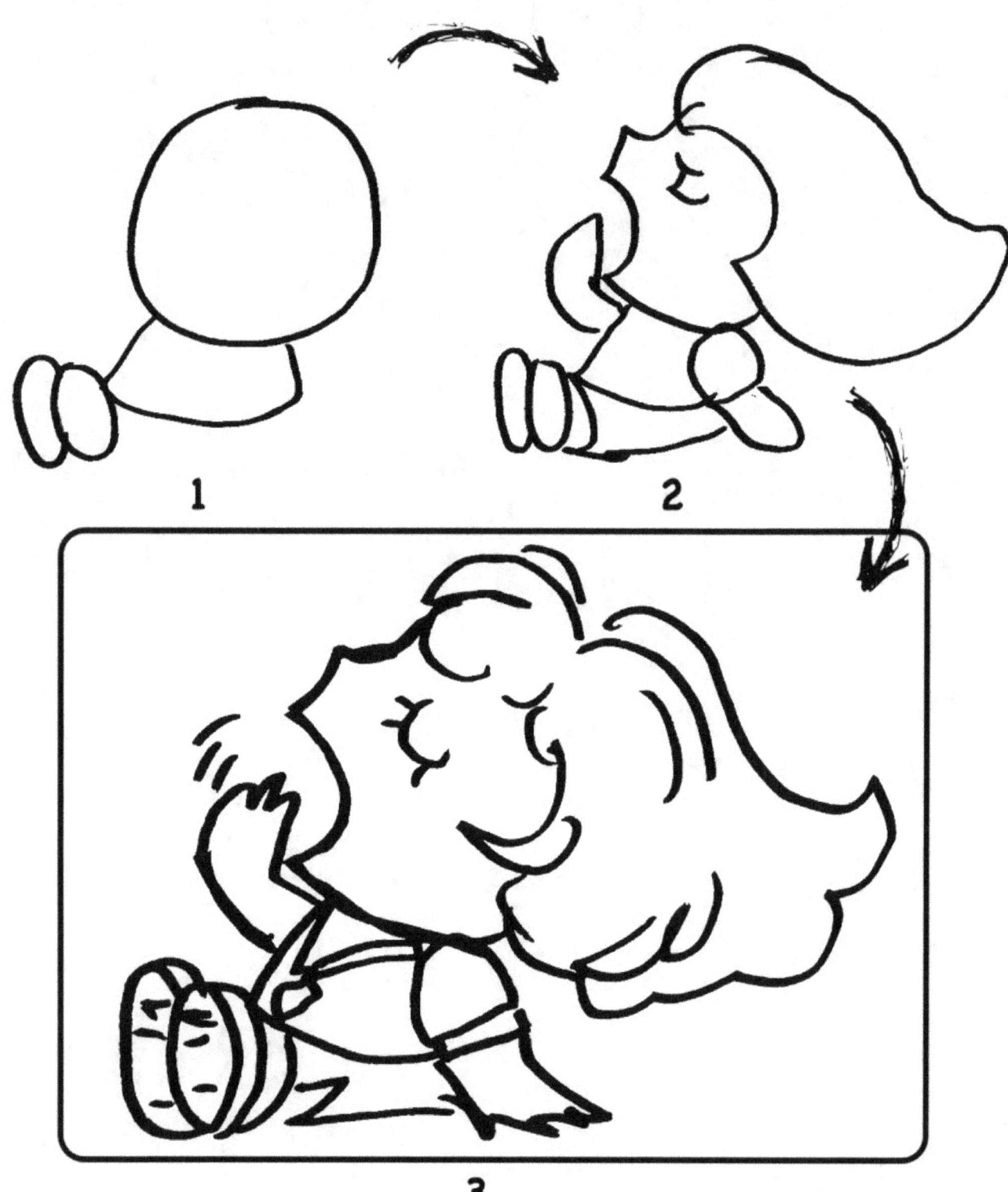

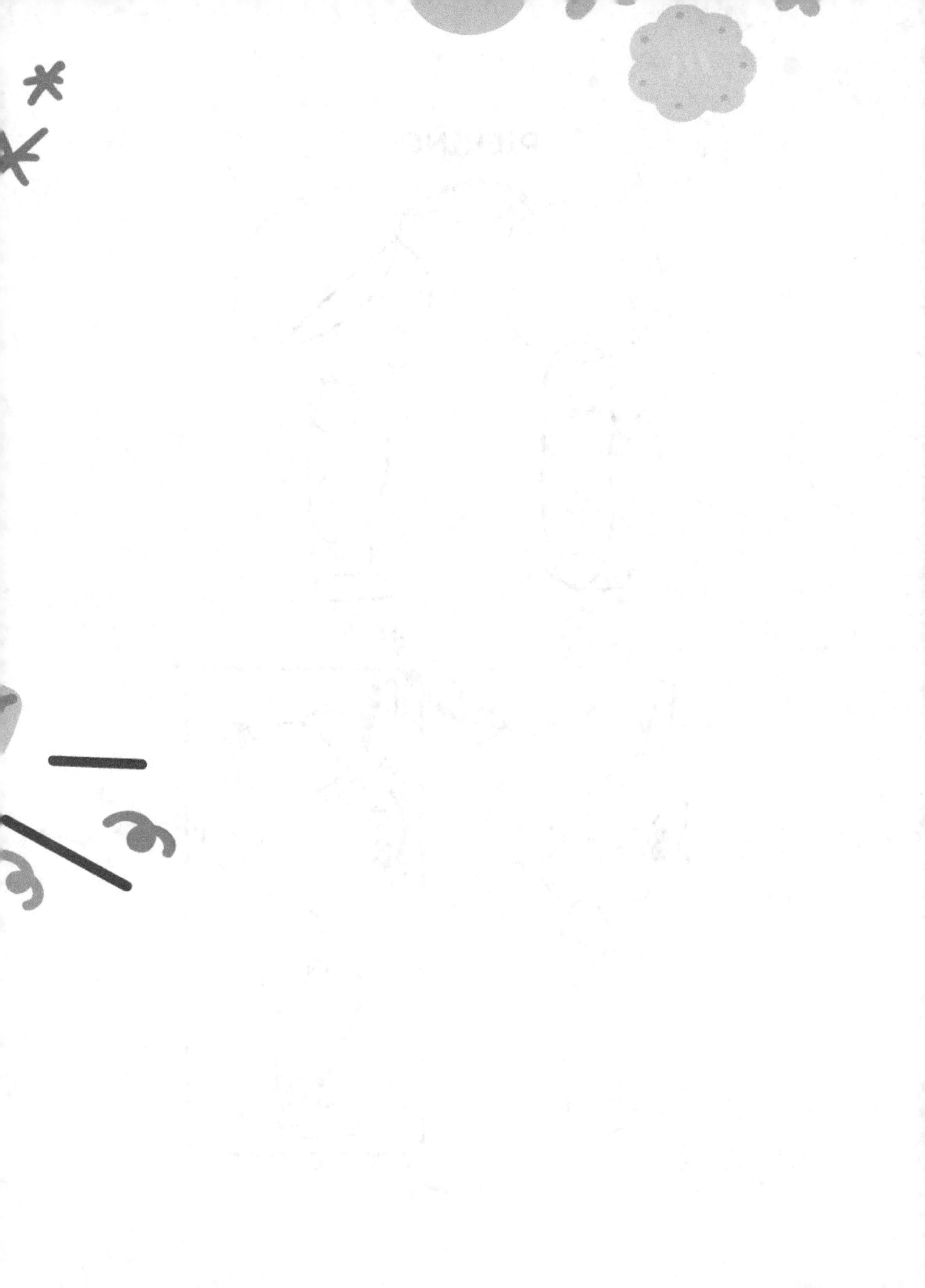

PIERINO

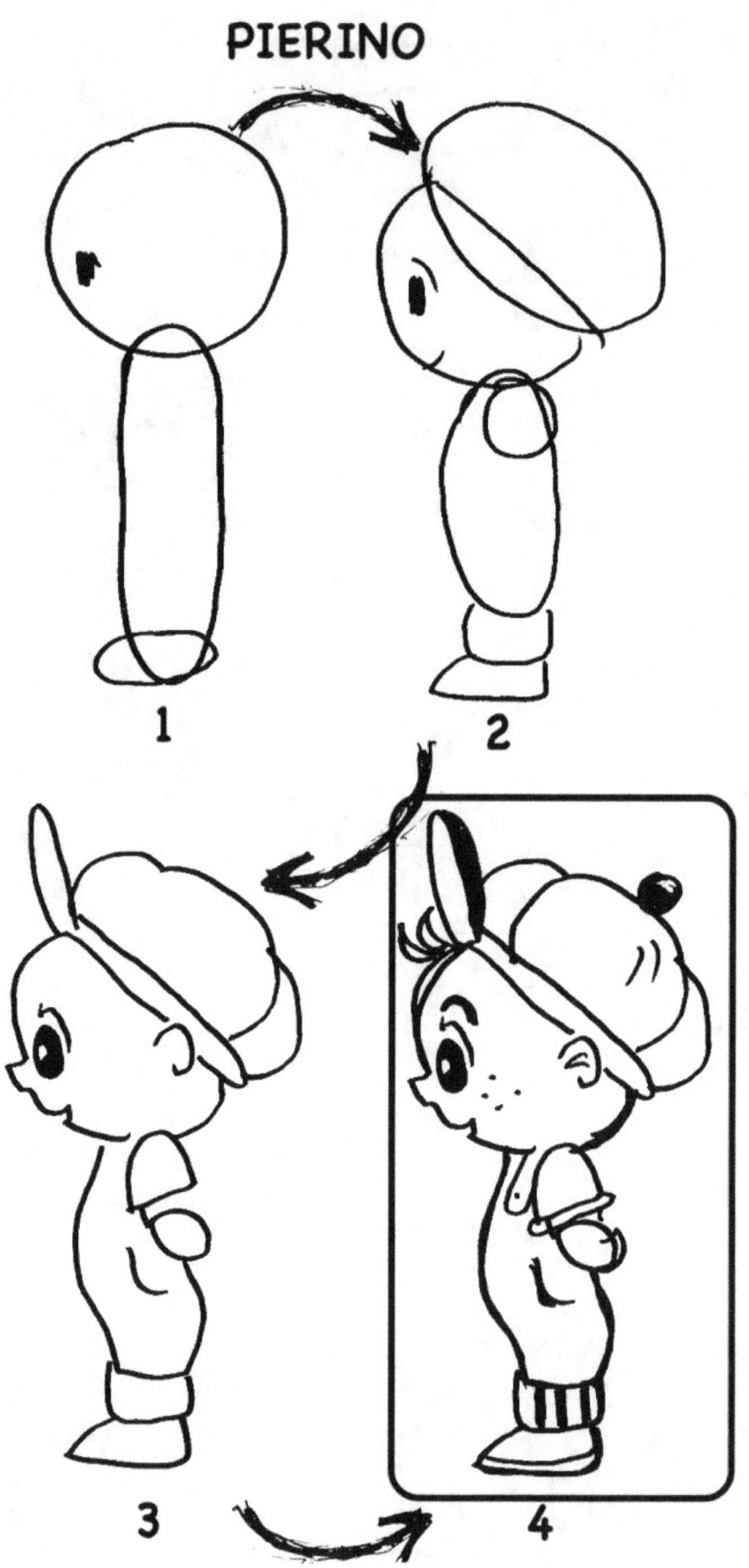

PIERINO PASSEGGIA

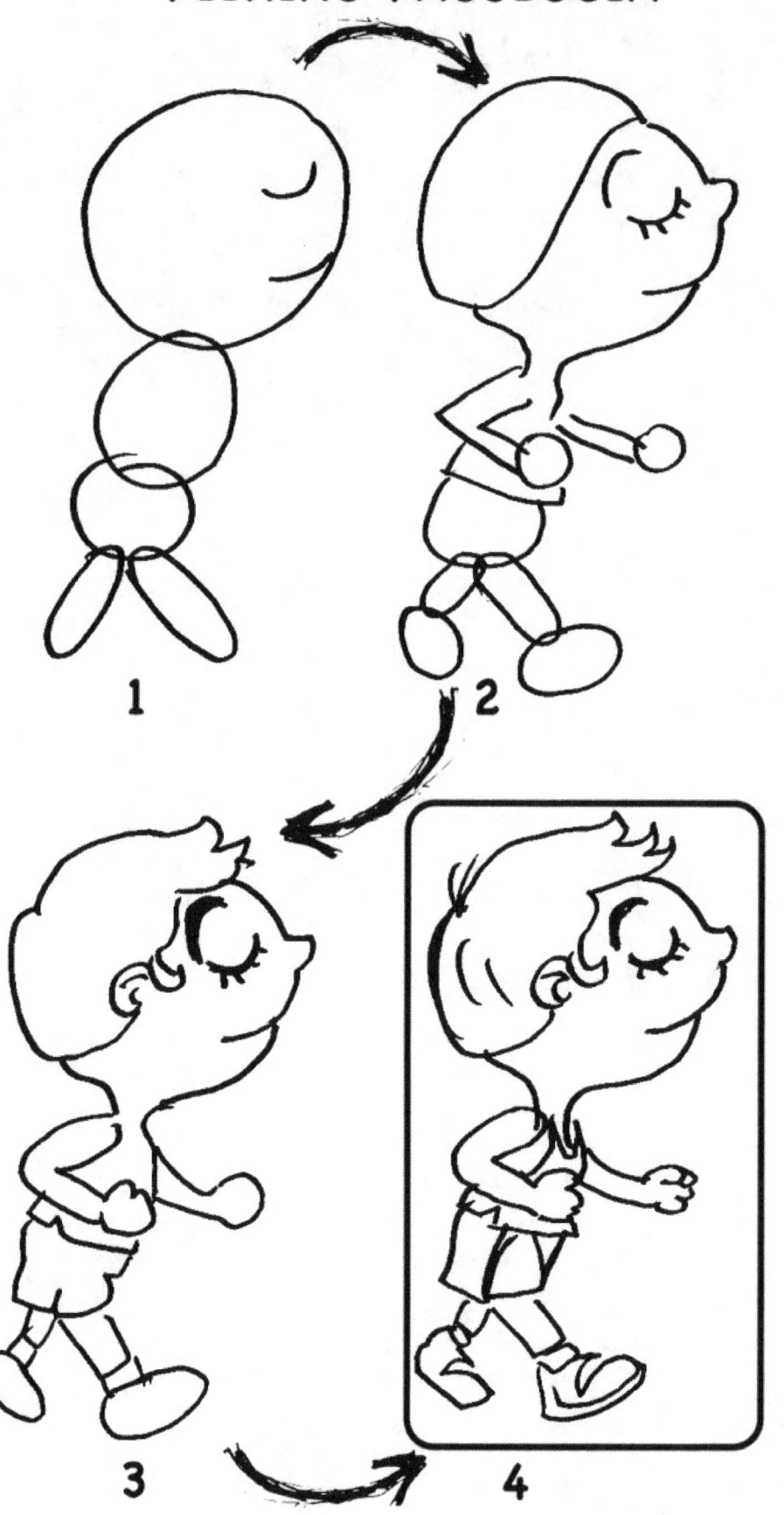

IL SOLDATINO

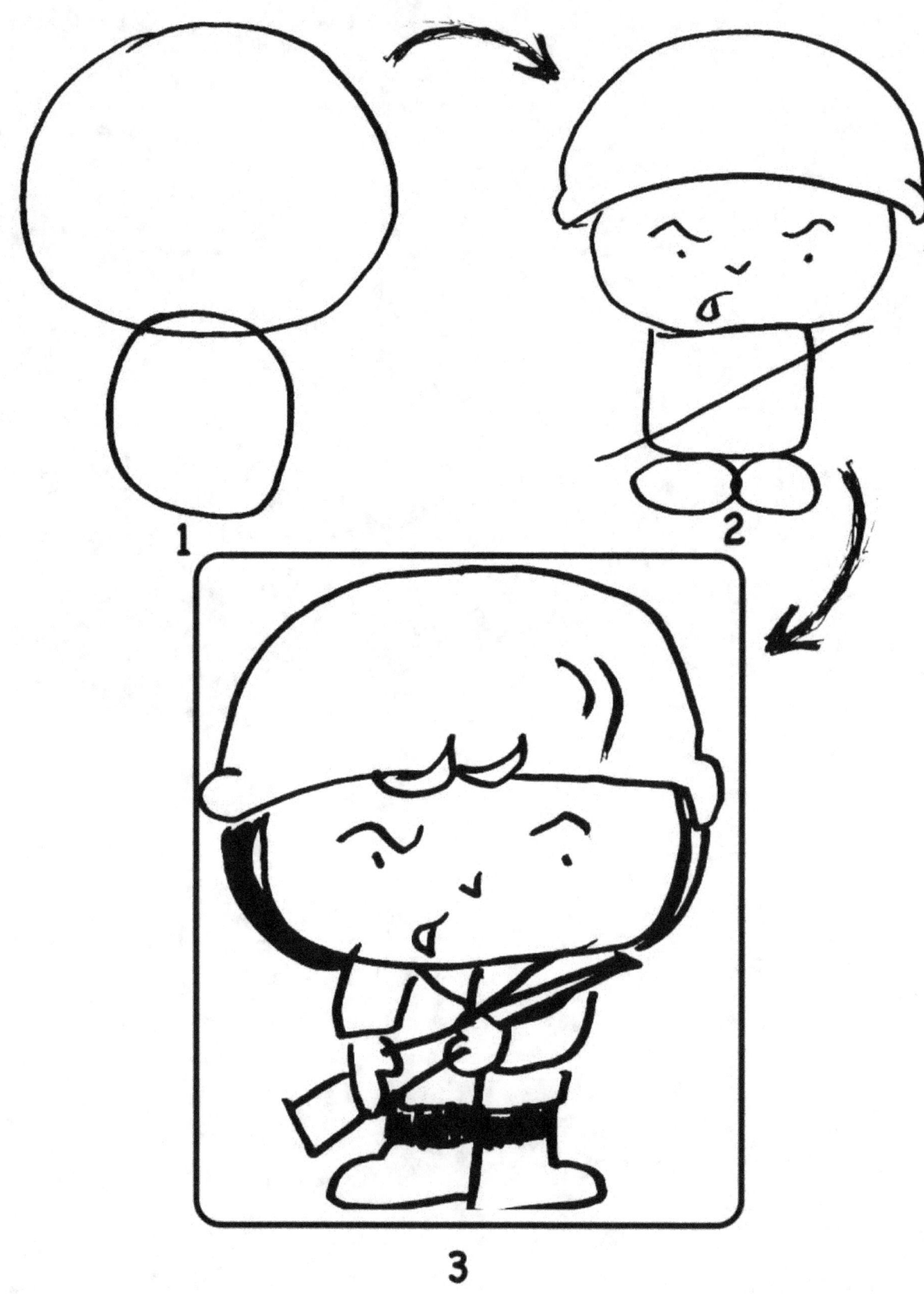

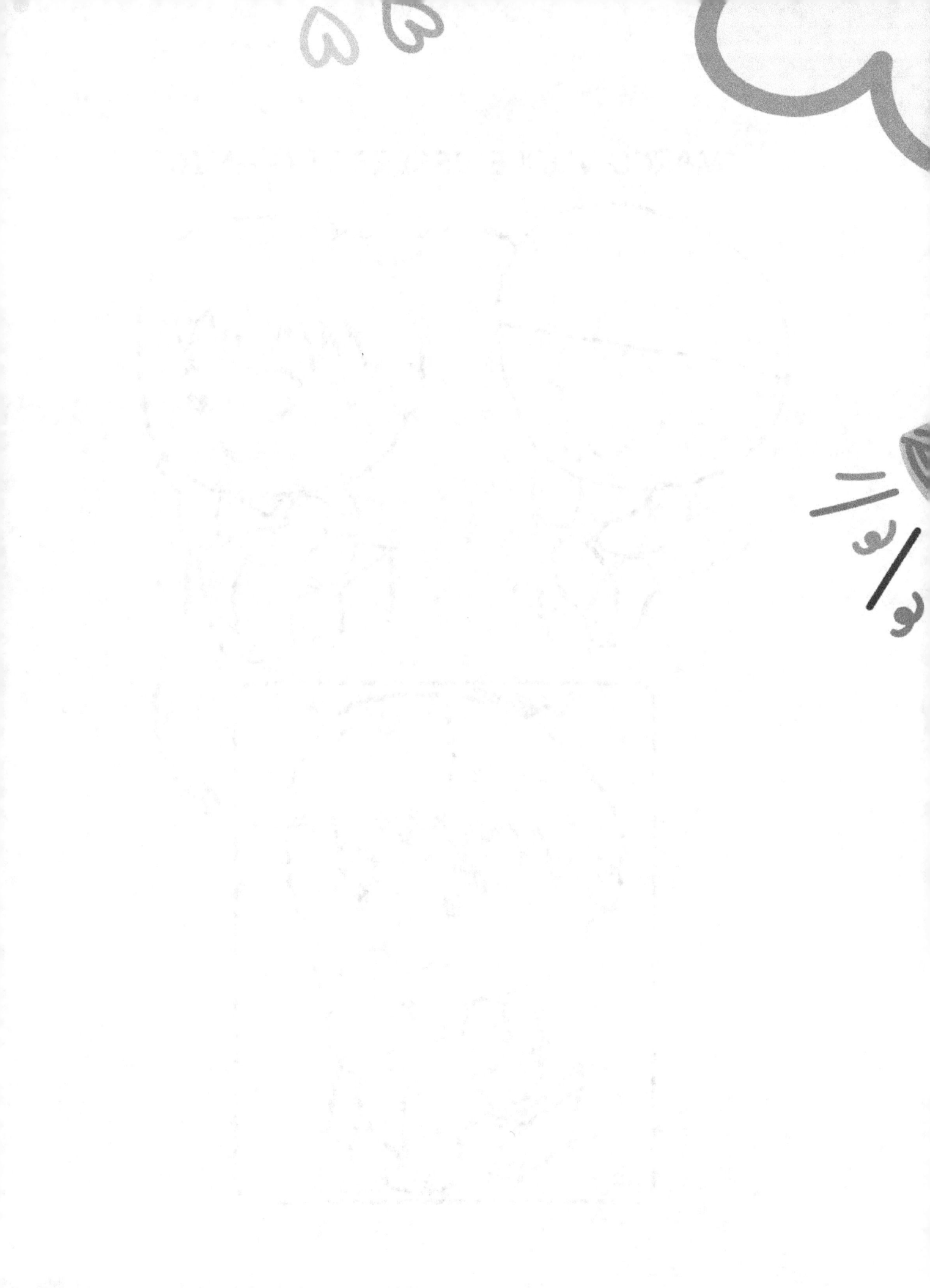

MARCO VUOLE ESSERE TUO AMICO

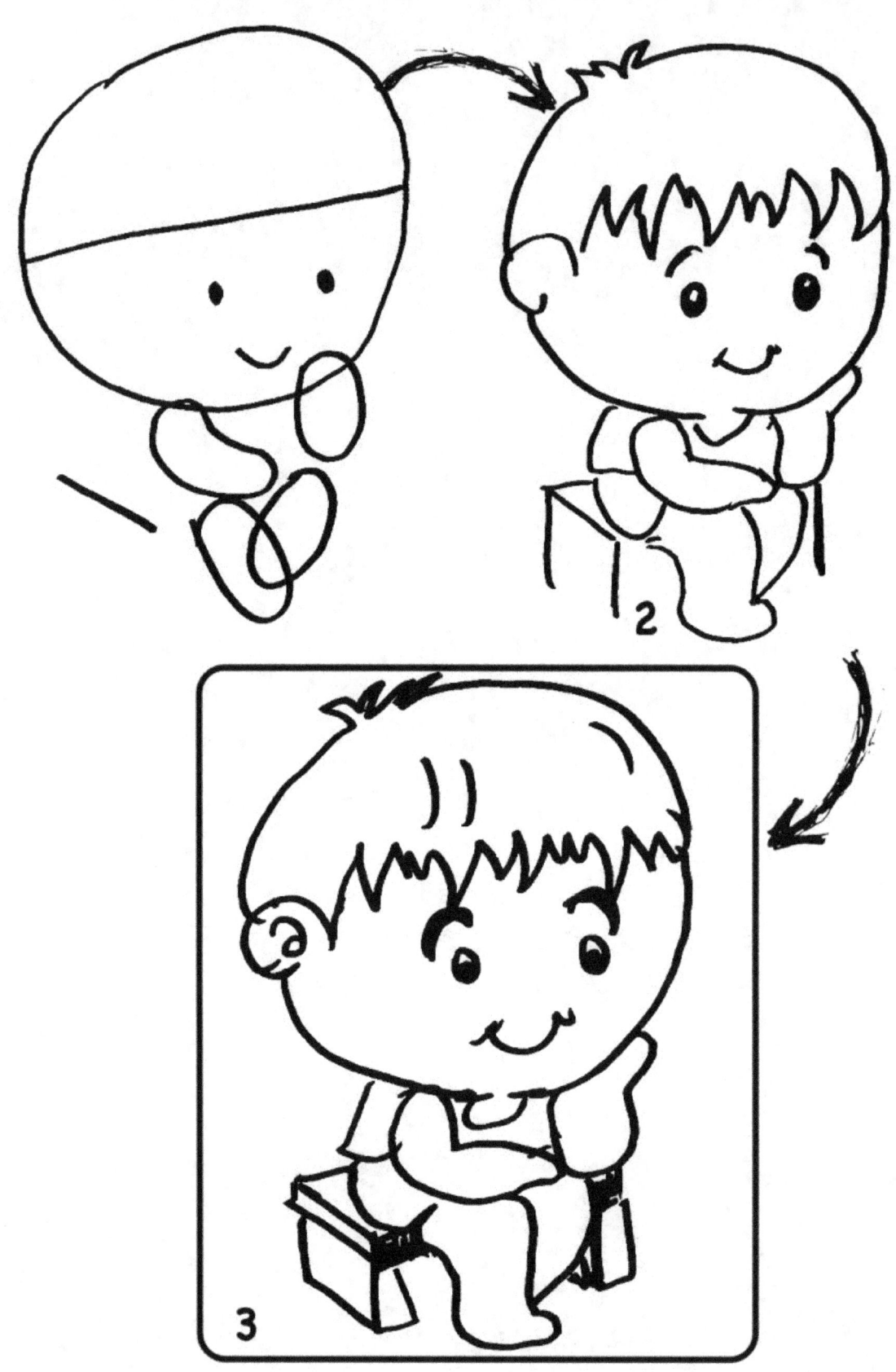

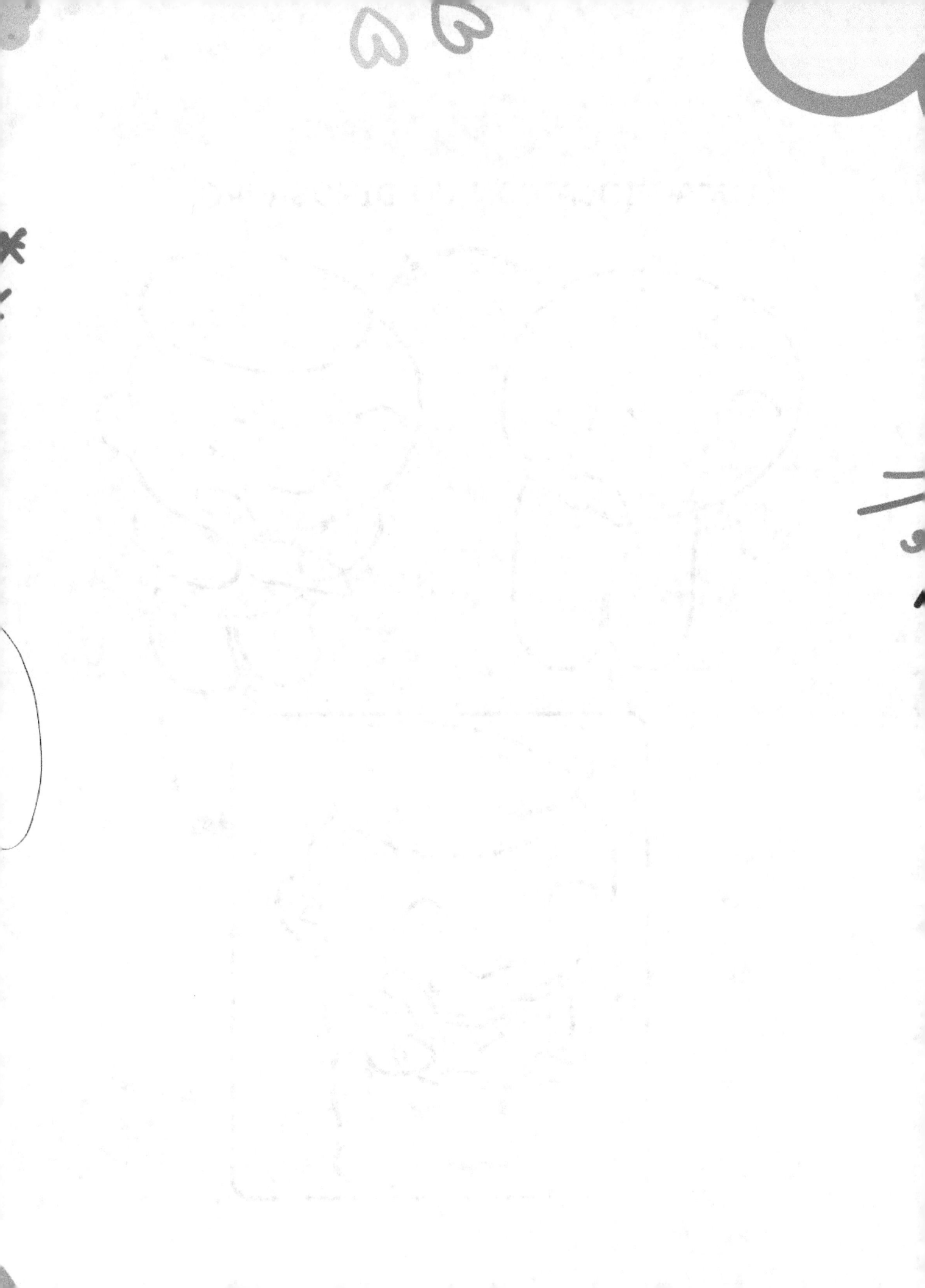

LUCA GIOCA CON UN DINOSAURO

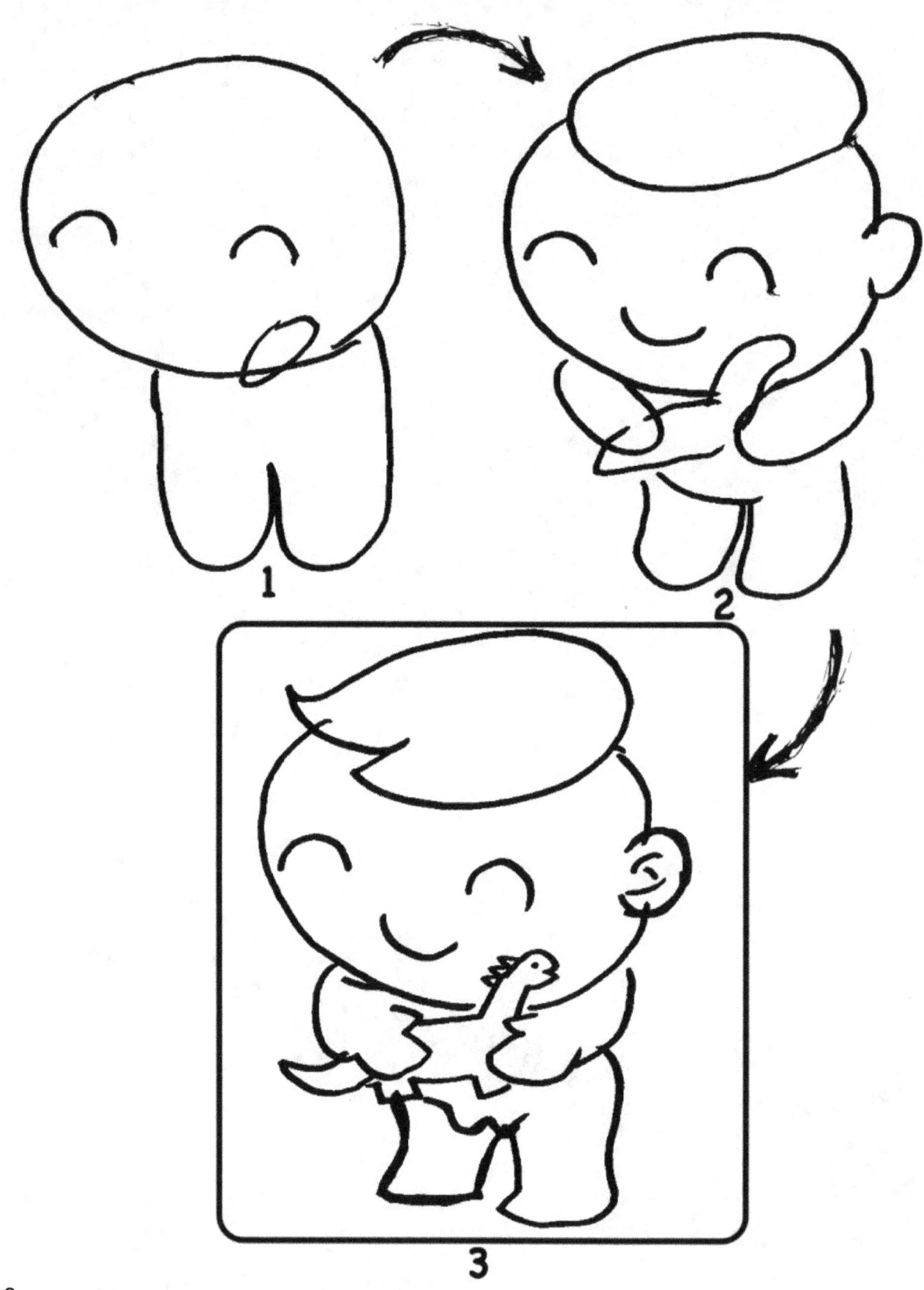

le avventure di pisolo

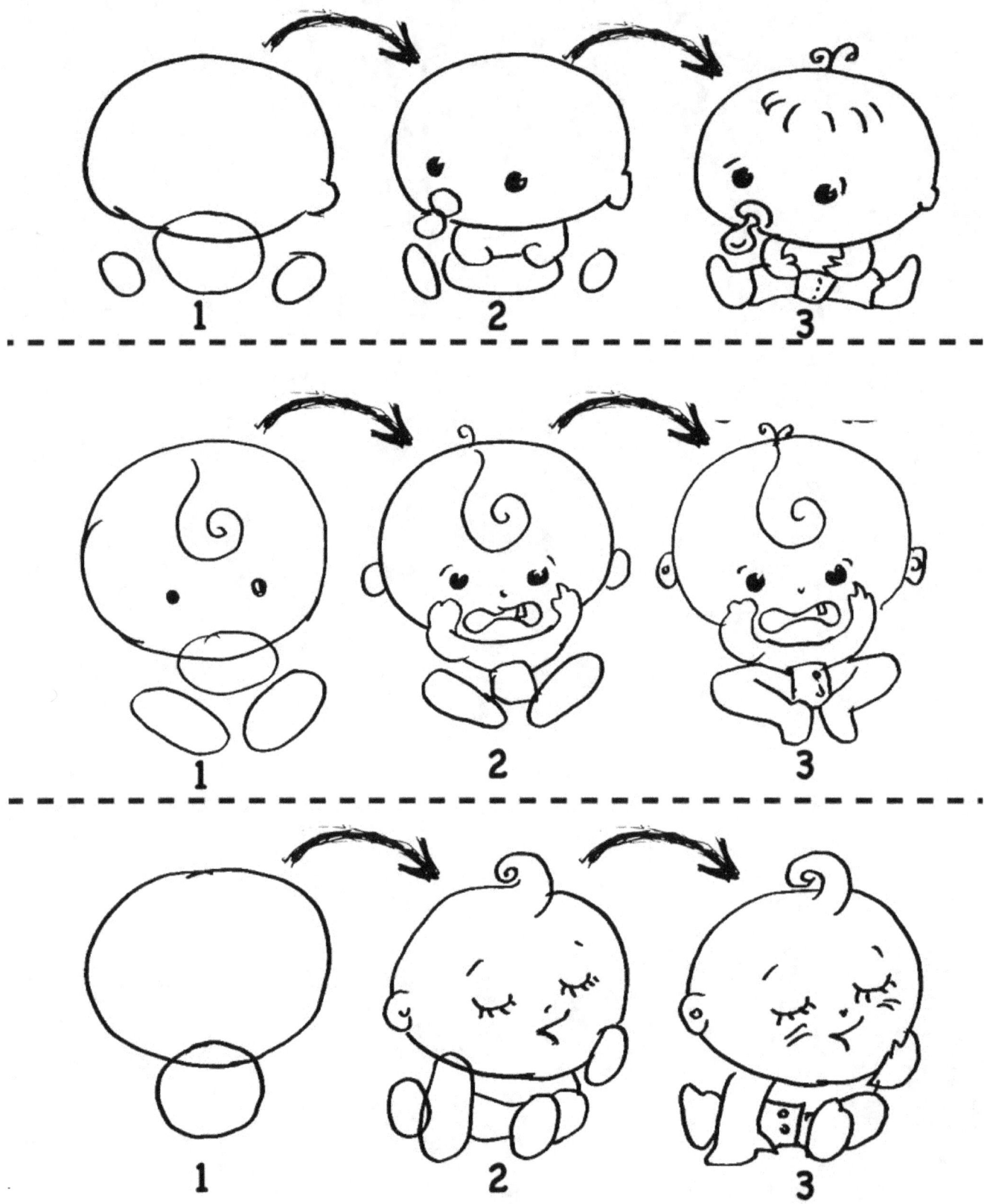

PISOLO VUOLE GIOCARE

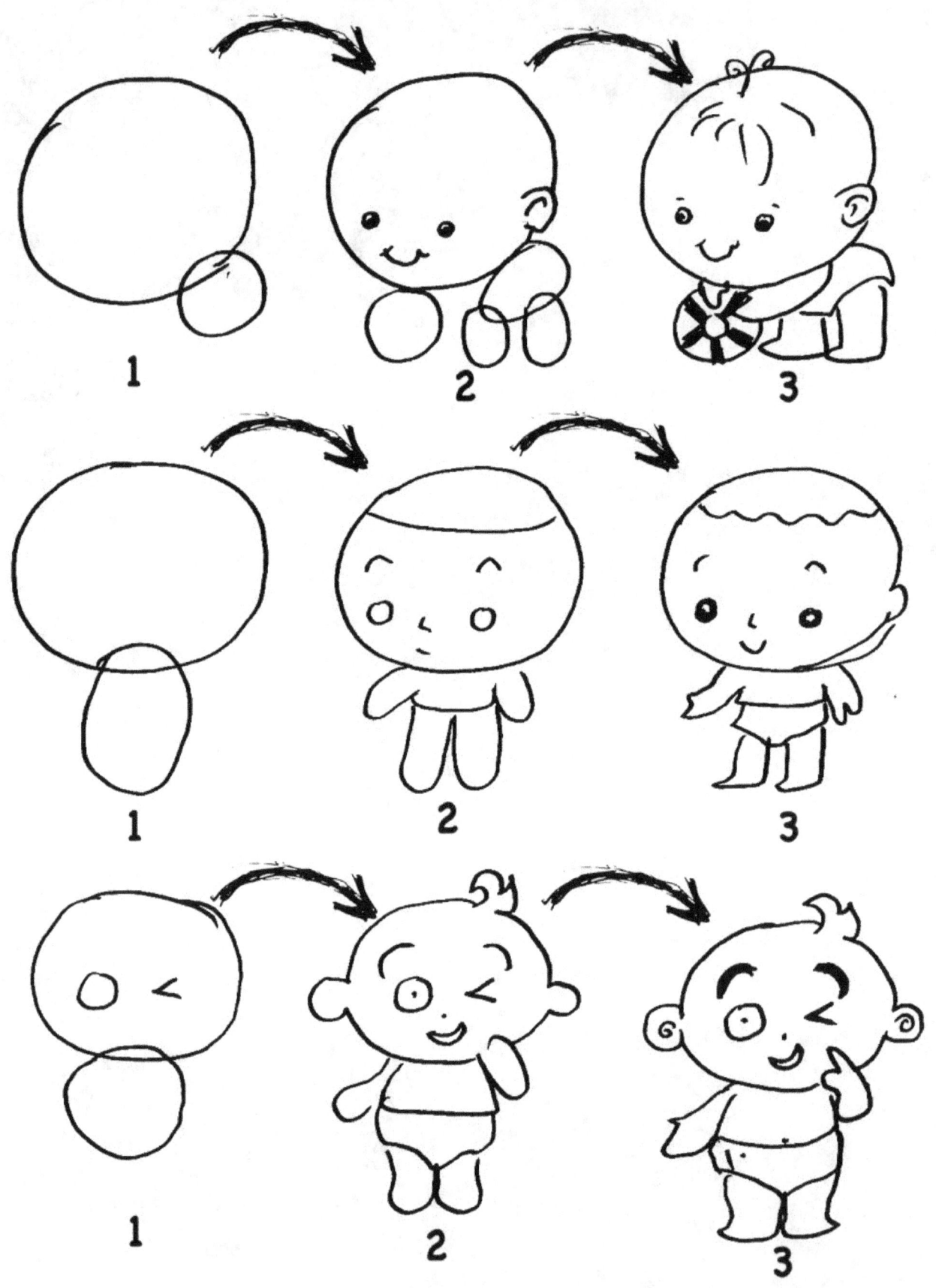

Il vampiro

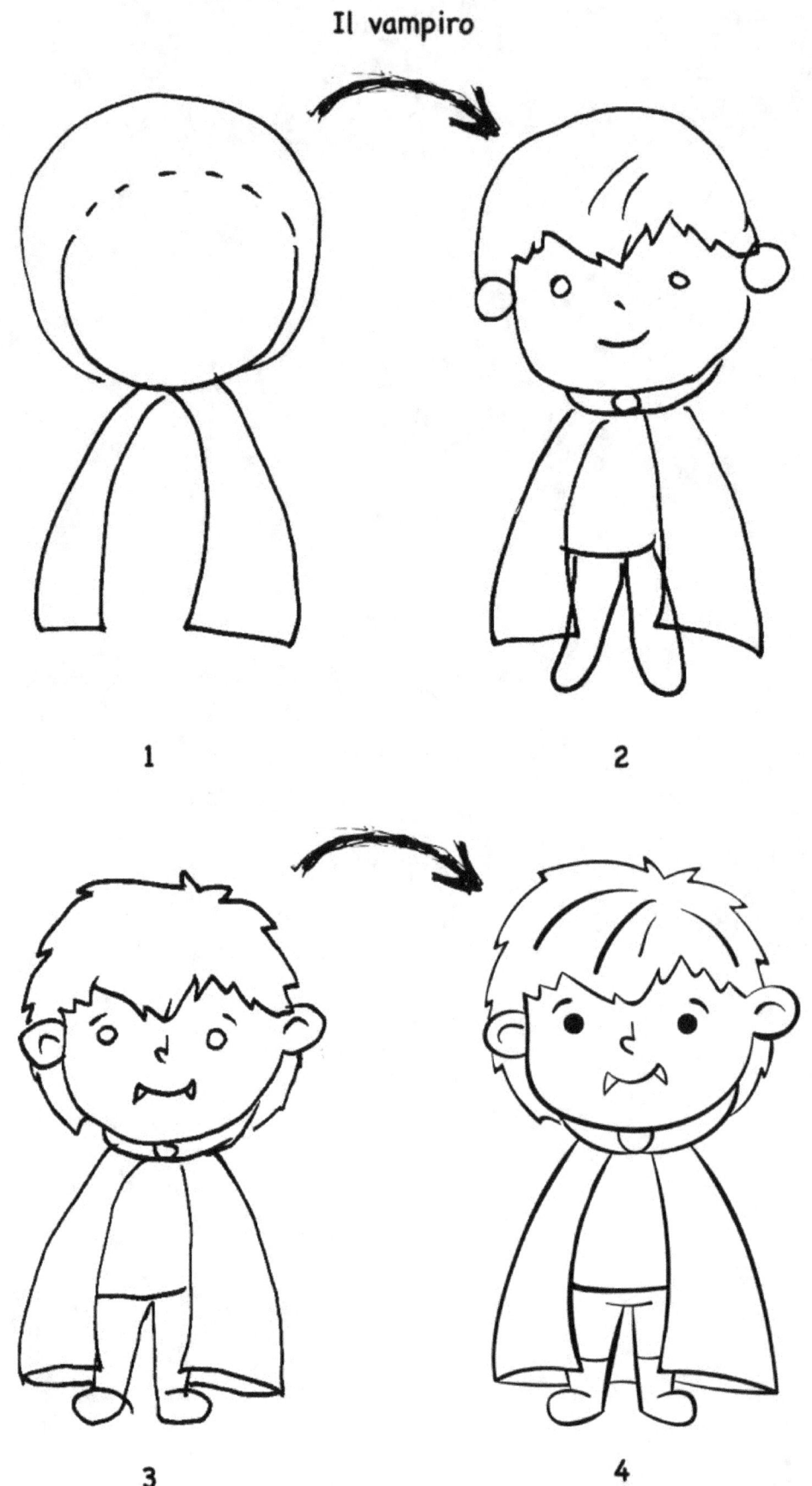

La streghetta

1
2
3
4

Il diavoletto

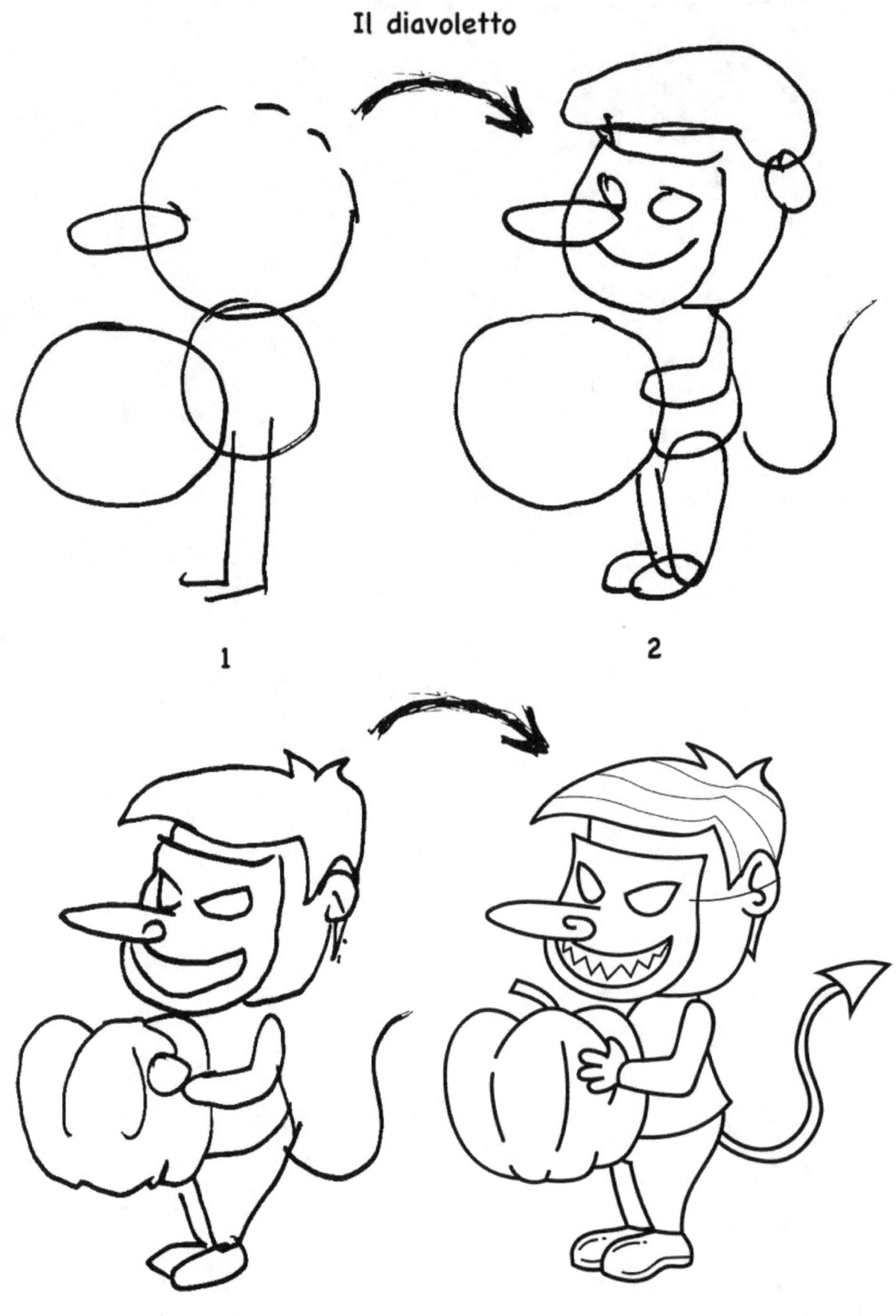

Il mascalzone

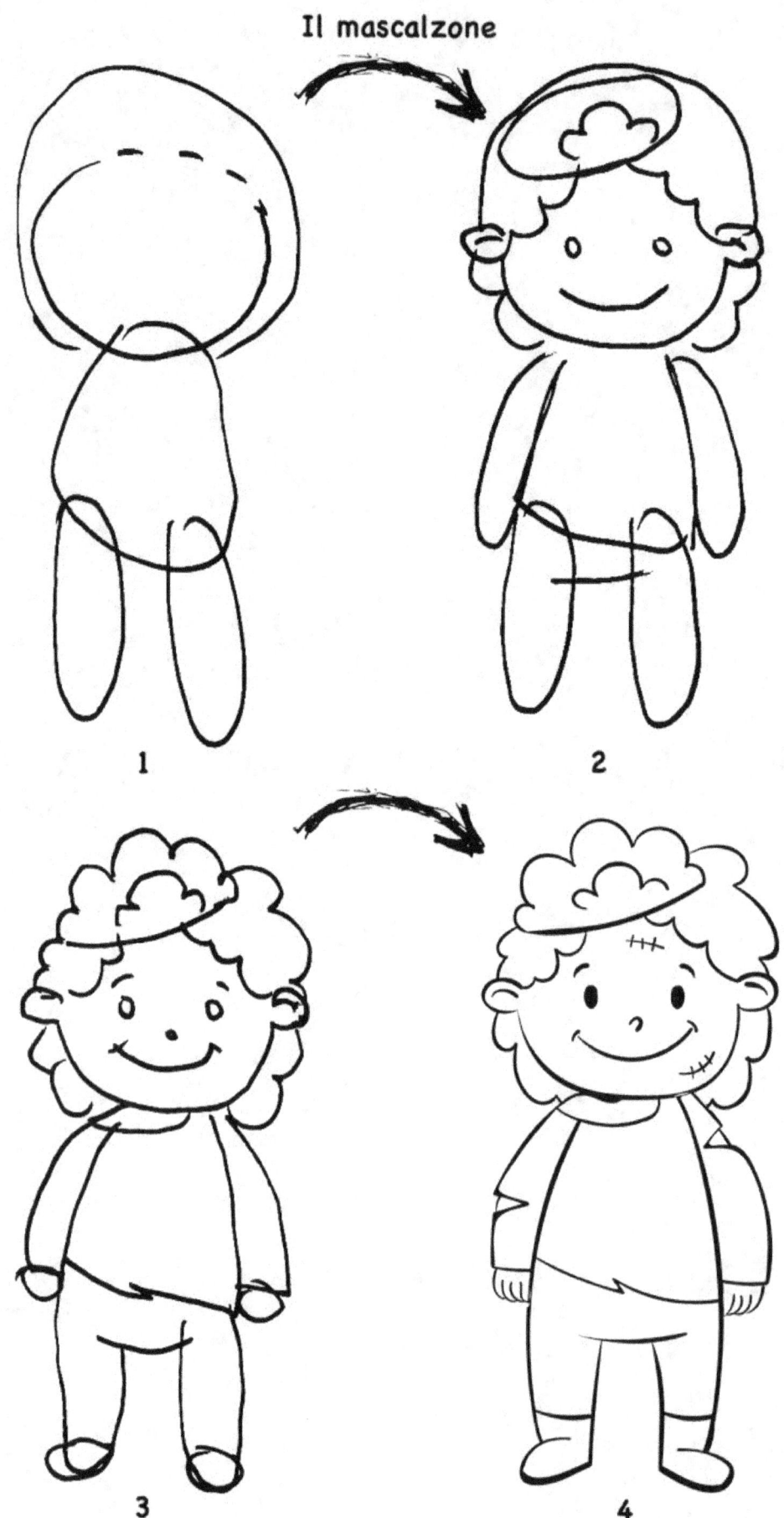

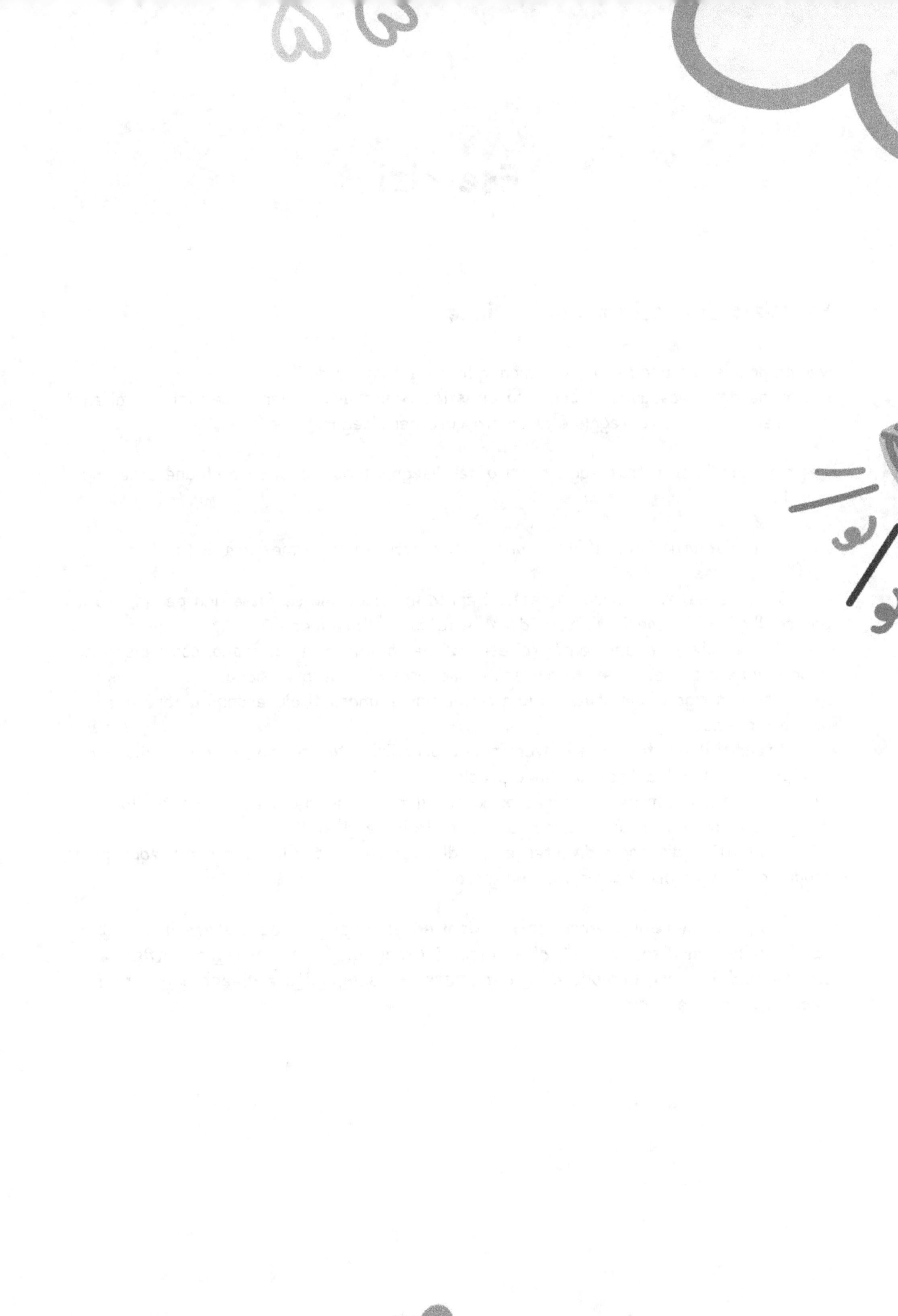

Esercizi

Esercizio di precisione delle linee

Manca pochissimo per ricevere la medaglia e l'attestato dell'artista.
Ma prima devi proseguire il cammino artistico realizzando diversi esercizi per allenarti alla precisione del tratteggio e al chiaroscuro nel disegno.

Per ottenere linee e tratteggio preciso nel disegno artistico, ci sono alcune cose che puoi fare:

1. Usa una matita ben affilata: una matita affilata ti permetterà di fare linee sottili e precise.
2. Tieni la matita in modo corretto: tieni la matita come se fosse una penna, tra il pollice, l'indice e il medio, in modo da poterla controllare meglio.
3. Fai esercizi di allenamento: fai esercizi per allenare la tua mano, come disegnare linee lunghe e curve, questo ti aiuterà a migliorare la tua precisione.
4. Usa una riga o una squadra: una riga o una squadra ti aiuteranno a fare linee dritte e precise.
5. Prenditi il tuo tempo: non aver fretta, prenditi il tuo tempo per fare il disegno, così potrai concentrarti e fare linee precise.
6. Guarda il tuo modello o oggetto: guarda il tuo modello o oggetto mentre lo disegni, questo ti aiuterà a capire come fare le linee giuste.
7. Divertiti: il disegno è divertente, quindi divertiti mentre lo fai e non preoccuparti troppo di fare errori, è come fare un gioco!

*Se vuoi continuare a creare tanti disegni ed esercizi puoi acquistare il mio libro "Il taccuino del disegnatore", all'interno del manuale potrai trovare tantissimi e diversi moduli vuoti, in modo da organizzare con semplicità e divertimento tutti i tuoi disegni ed esercizi.

Il chiaroscuro

Il chiaroscuro è una tecnica che utilizza il contrasto tra luci e ombre per creare un effetto di profondità e dimensione nel disegno. Quando disegni un oggetto, come una casa, usa il chiaroscuro per mostrare quali parti dell'oggetto sono illuminate dalla luce e quali sono in ombra.

Le parti illuminate dalla luce sembrano venire avanti, mentre quelle in ombra sembrano essere più indietro.

Per esempio, se disegni una casa al sole, le parti della casa che sono esposte alla luce del sole sembreranno più chiare e luminose, mentre le parti in ombra, come l'interno della casa o l'ombra sotto un albero, sembreranno più scure e più in lontananza.
Con il chiaroscuro, il disegno sembra più realistico e tridimensionale, come se guardassimo una foto della casa invece di un disegno.

Immagina di disegnare una mela, se vuoi che sembri realistica e tridimensionale, dovrai usare il chiaroscuro per mostrare le parti della mela che sono illuminate dalla luce e quelle che sono in ombra. In questo modo, il disegno della mela sembrerà più realistico e sembrerà di poterla toccare con le mani e mangiarla.

Esercizio di precisione delle linee

1. Disegna una linea ondulata come il mare
2. Disegna una linea seguita da un puntino
3. Disegna diversi cerchi in ordine sempre più grande
4. Disegna in velocità dei cerchi incrociati
5. Disegna una linea a zig zag
6. Disegna dei cerchi che si incrociano fra loro
7. Crea dei cerchi dal più piccolo al più grande
8. Disegna degli ovali uno dentro l'altro
9. Crea una spirale verso il lato sinistro
10. Crea una spirale verso il lato destro
11. crea delle linee che formano il numero "otto"
12. Crea dei triangoli uno dentro l'altro
13. Crea dei rettangoli uno dentro l'altro
14. Crea una doppia stella da dentro a fuori

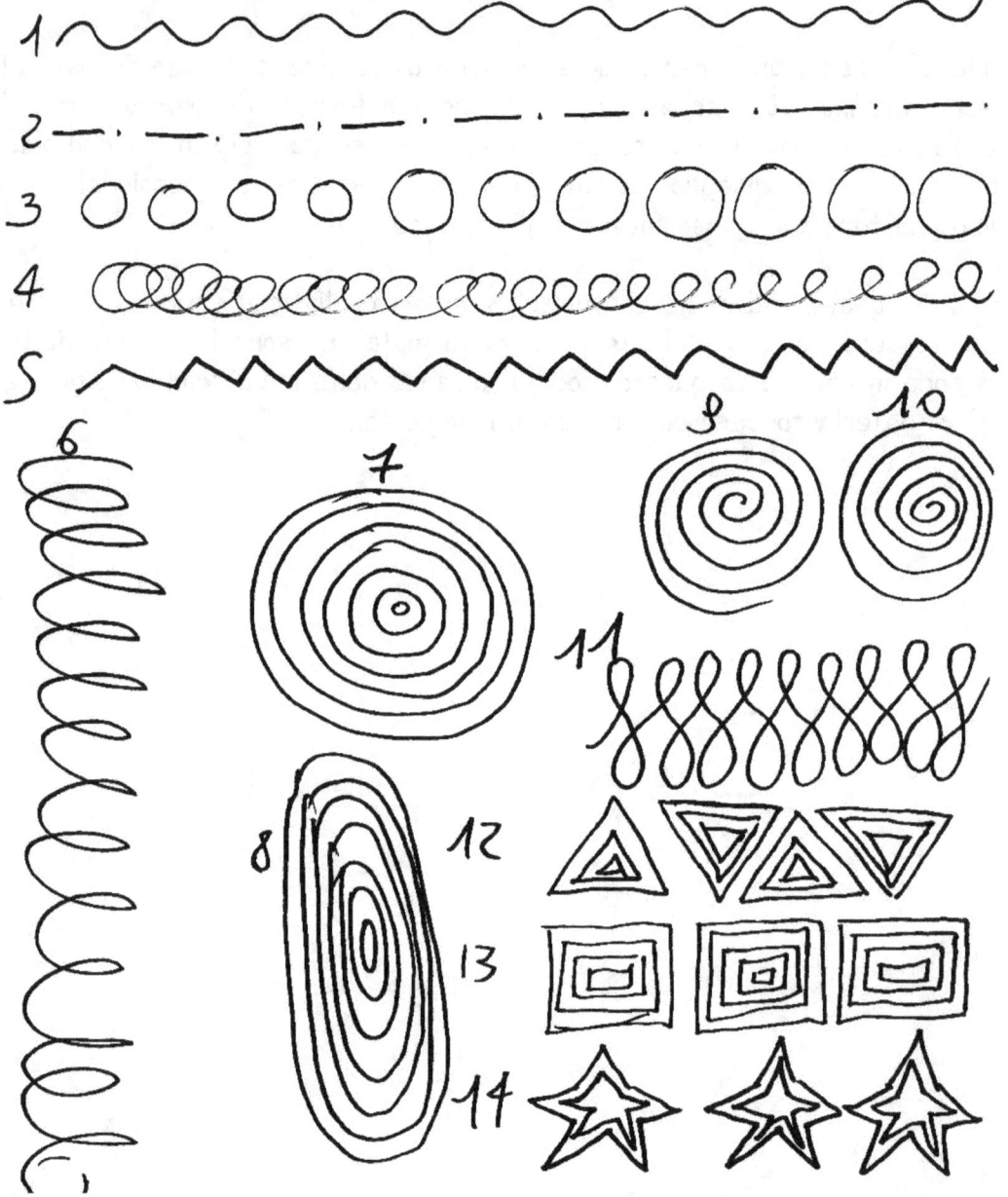

Esercizi

Il tratteggio

Esercitati a disegnare gli stessi tratteggi che vedi qui in basso nei quadrati cercando di essere il più preciso possibile. Prova anche tu nei quadrati vuoti nella pagina accanto.
Supera tutti gli esercizi, stai per ricevere la medaglia.

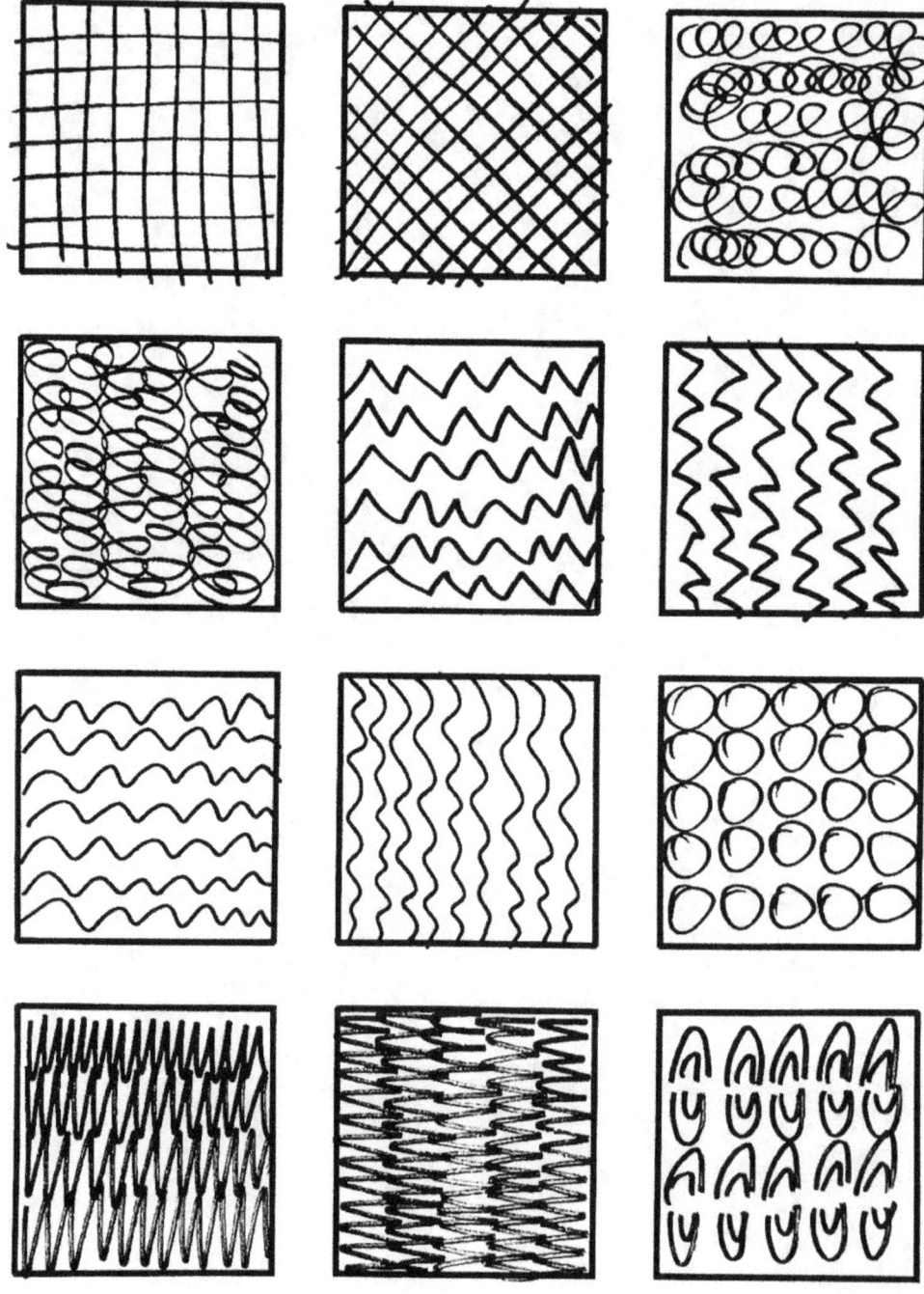

Esercizi

Dal bianco al nero

Esercitati a creare gli stessi effetti di chiaroscuro nella stessa tabella vuota

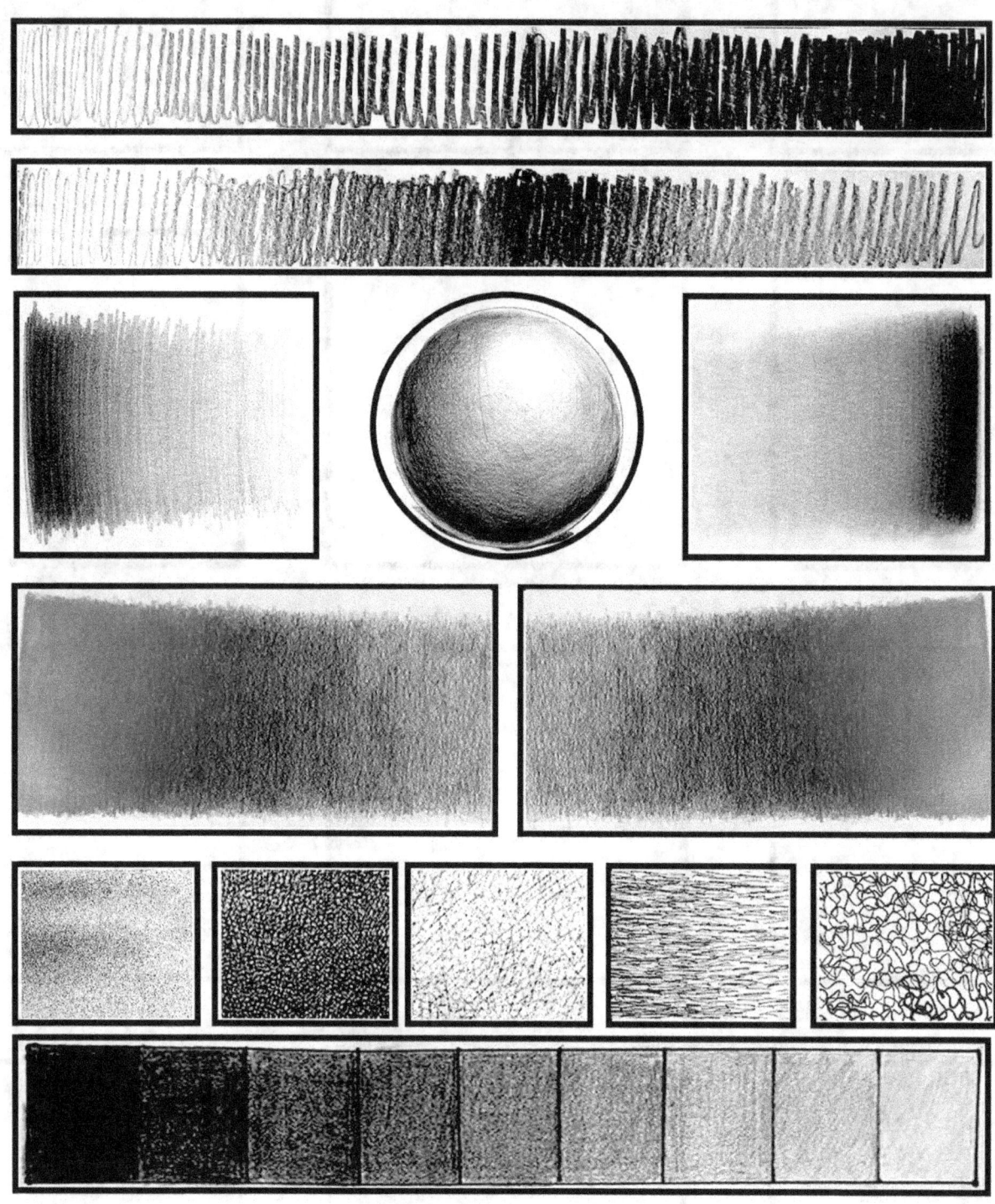

Esercizi

Grazie per aver scelto il mio libro sul disegno per bambini. Spero che tu e il tuo bambino abbiate apprezzato il manuale. Se è così, sarei molto grato se poteste lasciare una recensione positiva su Amazon. Le recensioni sono molto importanti per me e mi aiutano a capire come migliorare i miei lavori futuri. Grazie ancora per il supporto!

Inoltre ti invito a visitare il mio sito web: www.disegnaedipingi.it

All'interno del quale potrai visionare tanti contenuti di articoli e video sul disegno e la pittura utili agli adulti e ai più piccoli.

Se ancora non l'hai fatto, accedi subito gratuitamente a 3 video lezioni preziose sul disegno, più altre sorprese che ti aspettano dal link seguente:

https://disegnaedipingi.it/accedi-alle-video-lezioni-gratuite-libro-1/

Oppure, puoi accedere dal seguente QR code:

Per altre informazioni puoi contattarmi tramite email: **disegnaedipingi@gmail.com**

Accedi dal link:

https://www.facebook.com/groups/193128385674507

Oppure dal seguente QR code:

Medaglia e attestato dell'artista

SEI DIVENTATO UN VERO ARTISTA!

Complimenti_____da adesso sei un bravissimo artista. Il maestro Alfredo Papa ti da il benvenuto nella sua scuola d'arte "Papa Arts".

Accademia d'arte dei bambini

www.ingramcontent.com/pod-product-compliance
Lightning Source LLC
Chambersburg PA
CBHW080457220526
45465CB00006B/2302